Gela Brüggebors

Einführung in die Holistische Integration (HSI)

Teil 2: Von der HSI zur Holistischen Sensorischen Balance (HSB)

Gela Brüggebors

Einführung in die Holistische Integration (HSI)

**Teil 2:
Von der HSI zur Holistischen
Sensorischen Balance (HSB)**

borgmann

© 1994 ⓟ *borgmann publishing* *GmbH,* D-44139 Dortmund

Gesamtherstellung: Löer Druck GmbH, Dortmund

Bestell-Nr. 8106 ISBN 3-86145-033-X

Fotos: Heidemarie Stamm, Hannover – mit einem herzlichen Dank an Ina.

Urheberrecht beachten!

Alle Rechte der Wiedergabe, auch auszugsweise und in jeder Form, liegen beim Verlag. Mit der Zahlung des Kaufpreises verpflichtet sich der Eigentümer des Werkes, unter Ausschluß des § 53, 1-3, UrhG., keine Vervielfältigungen, Fotokopien und keine elektronische, optische Speicherung auch für den privaten Gebrauch, ohne schriftliche Genehmigung durch den Verlag, anzufertigen. Er hat auch dafür Sorge zu tragen, daß dies nicht durch Dritte geschieht.

Zuwiderhandlungen werden strafrechtlich verfolgt und berechtigen den Verlag zu Schadensersatzforderungen.

Inhalt

1. **Modelle des Mensch-Seins – ein Überblick** 7
   Das reduktionistische Menschenbild der Sensorischen-Integrations-Theorie 25
   Der Entwurf eines holistischen Modells des Menschseins 33

2. **Standort-Orientierung oder Wider den naiven Realismus** 45
   Die Renaissance des Bewußtseins 65

3. **Das Menschenbild und die Beziehungsfähigkeit** 99
   Betrachtungsweisen der Sinne/**Sinne** 115

4. **Die Psycho-Physiologie der Sinne – Von der Sinnlichkeit zum SINN** 137
   Zum Beispiel: **Hyperaktivität** 151
   Gleichgewichtsrituale 169
   Diagnostik/Dia-Gnosis 186
   Das Kind als psycho-physische Ganzheit 196

Literatur 201

Personen- und Sachverzeichnis für Band 1 und 2 213

Danksagung

Ich bedanke mich bei meinem akademischen Psychomotorik-Lehrer, Professor Dr. D. Eggert,

bei dem Mentor der deutschen Psychomotorik, Professor Dr. E. Kiphard

und bei Professor Dr. O. Speck für sein Werk „System Heilpädagogik – Eine ökologisch reflexive Grundlegung".

Gewidmet ist dieses Buch Dr. Gisela und Niko Baumhauer.

„Das Verlangen und Trachten nach dem Ganzen heißt Liebe." (Plato)

„Das Wahrgenommene ist nicht das Wesen der Dinge, es spiegelt das Wesen des wahrnehmenden Geistes wider." (E. Fromm)

„Der Kopf ist rund, damit das Denken die Richtung ändern kann." (F. Picabia)

Dieses Buch erhebt nicht den Anspruch, eine neue Theorie aufzustellen oder Praxis-Rezepte vorzustellen. Wenn es anregend provokativ wirkt, hat es seinen **Sinn** erfüllt.

1.

Modelle des Menschseins – ein Überblick

1. Modelle des Menschseins
   – ein Überblick

Welches Menschenbild haben Sie?

Welches Menschenbild enthält das theoretische Konzept der „Sensorischen Integration?"

Die erste Frage müssen Sie sich beantworten, der zweiten Frage wollen wir uns gemeinsam nähern, sofern Sie die „Lust am Lesen" nicht nach einigen Sätzen oder auf halber Strecke verlieren.

Welche Bilder, Vorstellungen, Ideen vom Menschen, vom menschlichen Bewußtsein gibt es? Seit es Menschen bzw. nachdenkende, reflektierende Menschen gibt, sind diese Fragen aktuell.

Der Geist/das Bewußtsein des Menschen versucht sich über sein physiologisches Substrat – sein Gehirn und dessen Prozesse – selbst zu erkennen: Wie kann das Erkennende sich selbst erkennen?

„Erst die Theorie entscheidet darüber, was man beobachten kann."

Albert Einstein

Wir wollen in diesem Fall Geist mit Bewußtsein synonym verwenden, um uns lange differential-diagnostische Abgrenzungen zu ersparen.

Allen Modellen vom Menschen liegt ein dualistisches Prinzip, eine polare Konstruktion, zugrunde: Leib/Seele, Geist/Materie, Yin/Yang, männlich/weiblich, Gut/Böse, Ich/Du, Denken/Fühlen, Objektivität/Subjektivität, Wissen/Glauben.

Das Uhrengleichnis von GEULINCX und LEIBNIZ bringt diese Grundproblematik in ein Bild, das mehr erläutert als nur Sprache: Geist und Materie (Körper/Seele, Bewußtsein/Körper) sind danach wie zwei Uhren, die immer die gleiche Zeit anzeigen.

Wie kommt diese Übereinstimmung zustande? Ist es Zufall oder ist da ein Wesen (Gott/Mensch), das korrigierend eingreift oder sind diese Uhren von Natur aus oder durch Planung so gut gebaut, daß sie für alle Ewigkeiten ganz präzise laufen, oder sind die Uhren kausal (durch einen Ursache-Wirkung-Mechanismus) so miteinander verbunden, daß die erste die zweite oder die zweite die erste beeinflußt oder kontrollieren und synchronisieren sie sich ohne Dominanz einer Uhr wechsel- bzw. gegenseitig?

Auf den Geist/Bewußtsein und den Körper/Materie bezogen: Arbeiten beide „dekkungsgleich" miteinander – wenn ja, wodurch/wieso/warum? Oder: Ist der Geist der Materie übergeordnet oder verhält es sich umgekehrt?

Was sagen die großen Denker zu diesem Problem?

Ein Blick auf die Philosophiegeschichte hilft uns weiter: HERAKLIT (Logos), SPINOZA (Gott-Natur), SCHELLING (das Absolute), RUSSELL (Sensibilia) vertraten den Standpunkt, Geist und Materie seien verschiedene Aspekte einer einzigen Substanz eines einzigen Urgrundes.

BERKELEY, FICHTE, HEGEL, SCHOPENHAUER, MACH, WHITEHEAD waren Anhänger des Spiritualismus: Alles ist Geist; Materie unabhängig vom Geist gibt es nicht!

HOBBES, DE LA METTRIE, HOLBACH, VOGT und MOLESCHOTT vertraten die diametrale Gegenposition: Alles ist Materie – Geist gibt es nicht (strikter Materialismus).

Die Behavioristen WATSON, SKINNER, RYLE, FEYERABEND nahmen an, daß „Geist" ein verwirrender Begriff sei, der eigentlich Verhaltensdispositionen beschreibe; mentale Termini müssen durch neurophysiologische ersetzt werden. Nicht der Geist denkt, sondern die sensorischen Inputs, deren neurale Verarbeitung im Gehirn stattfindet sind das, was manche „Geist" zu nennen pflegen. (Und hier wird der Ursprung der sensorischen Integration deutlich).

Der monistische Epiphänomenalismus (EPIKUR, LUKREZ, E.V. HARTMANN, F. NIETZSCHE, L. BÜCHNER, TH. HUXLEY) betrachtete Geist als Begleiterscheinung, aber nie als Ursache neuraler Vorgänge.

PLATON, PLOTIN und AUGUSTINUS waren Begründer bzw. Anhänger des Animismus: Geist belebt alle Materie und steuert somit auch das Gehirn. Die Interaktionisten wie DESCARTES, PENFIELD, POPPER, ECCLES und VON DITFURTH sehen Gehirn und Geist/Körper/Seele/Geist/Materie in ständiger aktiver Wechselwirkung.

ARISTOTELES und Thomas VON AQUIN können dem Hylemorphismus zugerechnet werden: Materie und Geist verhalten sich zueinander wie Substanz und Form, bilden also eine nur begrifflich (oder allenfalls durch den Tod) auflösbare Einheit. Die Vertreter der Evolutionären Erkenntnistheorie und die Anhänger der Identitätstheorie wie VOLLMER, RIEHL, LORENZ und RIEDL sehen Geist als eine **Funktion** des Gehirns, die erst auf einer gewissen Organisationshöhe (vor allem des Zentralnervensystems) auftritt.

Seelisches, geistiges Bewußtsein **ist ein Zustand** von Neuronen etc. (auch hier wird der theoretische Hintergrund der SI transparent).

Wie kommt es zu Wahrnehmungsprozessen und wie funktionieren diese?

Sind wir, unser Geist/Bewußtsein das, was unsere Wahrnehmungen sind?

Sind wir Produkte und aktuales Resultat unserer Perzeption oder ist nicht zumindest der Apperzeptionsprozeß (das erkennungsmäßige „Auswerten" sensorischer Inputs) ohne übergeordnete „geistige" Prozesse gar nicht zu erklären?

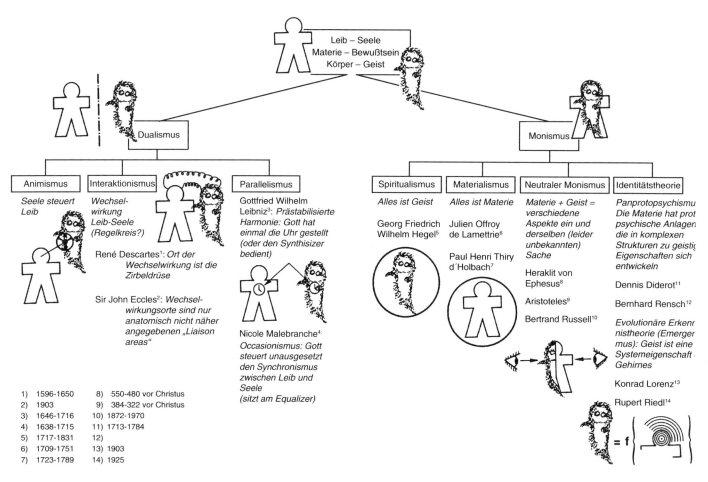

Aus: Friedrich Bestenreiner „Der phantastische Spiegel", Ehrenwirth Verlag München

Hier ein Exkurs in die Geschichte der Erkennungstheorie:

War die Frage was, wie und warum wir über Gott und die Welt wissen können, bis ins 18. Jahrhundert eine Frage der Philosophen, leisteten ab dann Mathematik, Physik, Biologie und Psychologie, Anthropologie und Sprachwissenschaft einen entscheidenden Beitrag zur Erkenntnistheorie, die seit Ende des 19. und Anfang des 20. Jahrhunderts kaum von der Wissenschaftstheorie zu unterscheiden ist. Eine präzise Theorie der Erkenntnisfähigkeit des Homo sapiens lieferten in unserem Jahrhundert nicht so sehr die Philosophen, sondern vorwiegend Naturwissenschaftler, sofern z.B. die Mathematik und die Physik noch eindeutig dieser Kategorie zugeordnet werden können und eine dualistische Aufteilung der Wissenschaft noch adäquat erscheint.

Die Beiträge von GAUSS, BOLYAI (1822), RIEMANN (1854) und anderen zeigen nichteuklidische Geometrie, die GAUSS (1777-1855) schon 1830 (!) schreiben ließ „... wir müssen in Demut zugeben, daß ... der Raum auch außer unserem Geiste eine Realität hat, der wir a priori* ihre Gesetze nicht vollständig vorschreiben können."

Der Raum hat offensichtlich mehr Dimensionen, als für unsere Sinnesorgane erkennbar sind.

Auch Hermann VON HELMHOLTZ (1821-1894) hat erkenntnistheoretisches Interesse und plädiert für eine Abkehr von transzendentaler** Anschauung und für eine strikte Ausrichtung an empirischen, überprüfbaren, realen Verhältnissen. Es muß empirisch – aus der Beobachtung/Erfahrung/Experiment erwachsen – geklärt werden, ob die menschlichen Anschauungsformen auf die „Welt an sich" passen.

Anschauungsformen waren nach KANT, daß wir alles in räumlichen und zeitlichen Kategorien und Dimensionen wahrnehmen.

Nach unserem heutigen Erkenntnisstand ist es nicht mehr sinnvoll, von **dem** Raum zu sprechen. Wir unterscheiden zwischen dem

— realen, physikalischen

— sinnlich, wahrnehmbaren Anschauungsraum

---

* *a priori = von der Erfahrung oder Wahrnehmung unabhängig, aus der Vernunft, dem Verstand durch logisches Denken erschlossen.*

** *transzendental: Die Grenzen der Erfahrung und der sinnlich erkennbaren Welt überschreitende Anschauung im engen Sinne meint ein unmittelbares, durch die Sinne Wahrnehmen von wirklichen, realen Objekten. Anschauung im engeren Sinne meint ein unmittelbares, durch die Sinne Wahrnehmen von wirklichen, realen Objekten.*

— den abstrakten mathematischen und

— den psychologischen Räumen

„Soweit sich die Gesetze der Mathematik auf die Wirklichkeit beziehen, sind sie nicht gewiß, und soweit sie gewiß sind, beziehen sie sich nicht auf die Wirklichkeit."
Albert Einstein

Untersuchungen **über** mathematische Theorien heißen Meta-Mathematik, diese Meta-Mathematik kam in unserem Jahrhundert zu dem Ergebnis, daß formale mathematische Systeme zwar auf die Wirklichkeit anwendbar sind, aber nichts über sie aussagen, da sie unabhängig von der Erfahrung sind und deshalb durch Erfahrung weder bewiesen (verifiziert) noch widerlegt (falsifiziert) werden können.

Von einem logischen System wird **nicht** verlangt, daß es anschaulich (mit und durch die Sinne), einleuchtend (verständlich) oder intuitiv richtig ist, sondern nur, daß es in sich logisch, deduktiv (logisch widerspruchsfrei) ist. Deduktion ist die logische Ableitung von Aussagen mit Hilfe logischer Schlußregeln. Anschaulichkeit und konkretes Erlebenkönnen sind kein Kriterium für die Richtigkeit einer mathematischen oder physikalischen Theorie.

B. RUSSELL, der englische Philosoph meinte: „Logik und Mathematik sind das Alphabet des Buches der Natur, nicht das Buch selbst."

Deutlich wird die „Berechenbarkeit" und „Erkenntnisfähigkeit" der Natur, aber nicht deren Anschaulichkeit, am Beispiel der EINSTEINschen Relativitätstheorie.

Das staunende Publikum weiß, daß die mit unseren Sinnen wahrnehmbare Dreidimensionalität des Raumes unlösbar mit der Zeit verbunden ist und zur Einheit der Raum-Zeit verschmilzt. Aber wer kann schon wirklich nachvollziehen, wieso ab/bei einer bestimmten Geschwindigkeit die Zeit stehenbleibt, anfängt rückwärts zu gehen oder gar der Raum zur Zeit und die Zeit zum Raum werden kann?

Die Wissenschaft geht über anthropomorphe Strukturen (Alltagserfahrung, Anschaulichkeit, konkretes sinnliches Erleben) weit hinaus.

Von der Erfahrung führt kein logisch deduktiver Pfad zu den theoretischen Erklärungen des Raumes, der Zeit, des Dualismus von Welle und Teilchen.

Nach der Korpuskeltheorie kann ein Elementarteilchen Energie und Materie sein. Masse und Energie sind nach der speziellen Relativitätstheorie (1905) äquivalent, d.h., Materie kann in Strahlung verwandelt werden und umgekehrt. Große Physiker wie Bohr, Mach, Heisenberg, Planck und Einstein haben sich im Laufe ihres Lebens der Erkenntnistheorie zugewandt, da ihre Entdeckungen von so grundlegender Bedeutung waren, daß ein Verbleiben bei naturwissenschaftlicher Interpretation nicht möglich schien.

Auch die Biologie steuert ihren Beitrag zur modernen Erkenntnistheorie bei. Vor allem die Evolutionstheorie, die Gehirnphysiologie, die Genetik, die Ethologie und die vergleichende Verhaltensforschung geben entscheidende Impulse für die ursprünglich philosophische Fragestellung, wie der Mensch etwas über sich und seine Umwelt entdecken kann.

1826 entdeckte Johannes Müller (1801-1850) das Gesetz der spezifischen Sinnesenergien.

Für unsere Aufnahme von Reizen über die Sinne sind bestimmte Nervenreizleitungen verantwortlich, die nur die spezifische Qualität der spezifischen Reizleitung erzeugen kann. Ob Sie ihre Augen in die Sonne halten oder mit den Fingerkuppen Druck auf die Augen ausüben, ihre Sinnesempfindung wird eine Lichtempfindung sein, da der Sehnerv nur dafür ausgelegt ist. Wenn Sie die auf und in der Haut liegenden Rezeptoren für Fühlempfindung reizen, ob mit Druck oder Wärme, werden Sie Fühlempfindungen spüren.

Ernst Haeckel (1834-1919) postulierte das „biogenetische Grundgesetz", nachdem die Ontogenese (die Entwicklung des Individuums) eine Wiederholung der Phylogenese (die Entwicklung der Art) ist, allerdings sozusagen im Zeitraffertempo. Der Verhaltensforscher Konrad Lorenz (1903-1988) hat schon seit 1940 die angeborenen Formen der Erfahrung unter biologischer Prämisse untersucht. Für Lorenz ist das Erkennen und Verstehen der Welt eine Leistung des zentralen Nervensystems und hier besonders der Großhirnrinde. Nach Lorenz stimmen die Erkenntniskategorien des Menschen mit den Realkategorien der „Welt an sich" (teilweise) aus den selben Gründen (überein), aus denen die Form des Pferdehufs auf den Steppenboden und die der Fischflosse ins Wasser paßt.

Zwischen der Denk- und Anschauungsform und dem an sich Realen (besteht) genau dieselbe Beziehung, die zwischen Organ und Außenwelt, zwischen Auge und Sonne, zwischen Pferdehuf und Steppenboden, zwischen Fischflosse und Wasser auch sonst besteht ..., jenes Verhältnis, das zwischen dem Bild und dem abgebildeten Gegenstand, zwischen vereinfachenden Modellgedanken und wirklichem Tatbestand besteht, das Verhältnis einer mehr oder weniger weitgehenden Analogie." (LORENZ 1943)

Neben den erwähnten Mathematikern, Physikern, Biologen und Verhaltensforschern waren es vor allem die Psychologen WERTHEIMER, KÖHLER, BÜHLER und PIAGET, die wertvolle neue Erkenntnisse der Theorie über die Möglichkeiten und Grenzen menschlicher Erkenntnisfähigkeit beisteuerten, wobei nicht vergessen werden darf, daß wir vor der einmaligen Tatsache stehen, mit dem Gehirn über das Gehirn nachdenken und erkennen zu wollen. Wir wollen mit dem „Ding" Gehirn die Möglichkeiten des Gehirns erforschen. Ist nicht eine Art „Circulus vitiosus" (Zirkelschluß) vorprogrammiert, bei dem das zu Beweisende in der Voraussetzung enthalten ist?

„Wenn wir alles bezweifeln wollen, weil wir nicht alles mit Gewißheit erkennen können, so handeln wir ungefähr ebenso weise wie derjenige, der seine Beine nicht gebrauchen wollte, sondern still dasaß und zugrunde ging, weil er keine Flügel zum Fliegen hatte," sagte schon 1690 der englische Philosoph und Erkenntnistheoretiker John LOCKE. Die Beweisbarkeit – Verifikation – von Hypothesen ist gerade in unserer wissenschaftsgläubigen Zeit das große Anliegen vieler Forscher.

Ob überhaupt etwas beweisbar ist oder nur als „sozusagen" bewiesen gilt, solange nicht widerlegt – falsifiziert – ist, war die große Streitfrage zwischen renommierten Wissenschaftlern wie POPPER und HABERMAS.

Solange nicht einmal bewiesen werden kann, ob es die uns umgebenden Menschen und Dinge überhaupt gibt, oder ob sie nur Fiktionen unseres Geistes sind, wie es der „Solipsismus" genannte erkenntnistheoretische Standpunkt behauptet, der nur das eigene **Ich** mit seinen Bewußtseinsinhalten als das einzig Wirkliche gelten läßt und alle anderen **Ich**'s mit der ganzen Außenwelt nur als dessen Vorstellungen sieht, ist die Frage nach der Beweisbarkeit eine ungelöste – bzw. unlösbare. Nur unsere Sinnesorgane vermitteln uns Informationen über unsere Umwelt; wir sehen die Menschen und Häuser, wir fühlen den Bleistift in unserer

Hand und die Fliege auf dem Arm, wir hören den Nachbarn rufen und die Sirene heulen, wir riechen die Rose und den angebrannten Milchreis und wir schmecken die süße Sahne und den sauren Essig – alle Informationen laufen über unsere Sinneskanäle und diese arbeiten sehr selektiv.

Unsere Erkenntnis über unsere Sinnesorgane ist eine begrenzte. Wenn unsere Sinne aber so trügerisch sind, vielleicht sollten wir uns doch besser auf unseren Verstand verlassen beim Nachdenken über uns, Gott und die Welt?

Erkenntnis ist das Ziel aller Wissenschaftler und vieler anderer Menschen. Welche Wege gibt es zur Erkenntnis?

Die Wahrnehmung ist – wie ausgeführt – so total an die Aufnahme und Verarbeitung von Sinnesreizen gebunden, daß sie nur begrenzt für objektive Erkenntnis tauglich ist. Die Beobachtung ist nur über den visuell-akustischen Kanal möglich und daher mit äußerster Vorsicht zu genießen. Wissenschaftliches Denken als deduktives, in logischen Schritten aufgebautes Denken verlagert die Erkenntnistätigkeit primär in den Kopf, in das Gehirn, kann sich aber natürlich auch nicht von der allem zugrundeliegenden, sinnlichen Erfahrung lösen.

Wenn nicht am Anfang ein Sehen, Hören, Riechen, Fühlen oder Schmecken gestanden hätte, wäre der Wissenschaftler wohl kaum auf die Idee gekommen, über die Welt nachzudenken, da sie für ihn nicht existent wäre.

Wissenschaftliche Hypothesen sind letztlich nicht beweisbar; es ist nur möglich, von unbewiesenen Prämissen auszugehen und zu prüfen, was logisch aus ihnen folgert. Solche unbewiesenen Ausgangspunkte sind die Prämissen, auf deren Beweis verzichtet wird, weil man/frau schließlich irgendwo anfangen muß. Daß mein Mann/meine Frau existiert, davon gehe ich aus, weil ich sie mit allen Sinnen erlebe. Daß sie/er nicht nur eine Fiktion meines Geistes ist, sondern real existiert, wird zumindest dadurch wahrscheinlich, daß meine Freunde und Verwandten meinen Partner auch mit ihren Sinnen wahrnehmen und wir uns sogar darüber verständigen, ob er/sie rote oder blonde Haare hat, groß oder klein ist, hübsch oder häßlich, einen guten oder schlechten Charakter (Persönlichkeitsstruktur) hat; das ist teilweise schon wieder eine Frage und eine Interpretation des Betrachters.

Wenn nun der Wissenschaftler wissenschaftlich arbeitet, versucht er, z.B. beim logisch deduktiven Vorgehen, Grund- und Eigenbegriffe zu definieren, mit denen er dann operiert. Begriffe sind sprachlicher Art und damit reine Willkür. Wir finden das sprachliche Symbol „Tisch" für das Ding mit meistens 4 Beinen, von dem wir essen oder wir sagen „logisches" Denken zu einer Art Denken, die folgerichtig und in sich schlüssig ist.

EINSTEIN war der Ansicht, daß die einer Theorie zugrundeliegenden Begriffe und Grundgesetze „freie Erfindungen des menschlichen Geistes (sind), die sich weder durch die Natur des menschlichen Geistes noch sonst in irgendeiner Weise a priori rechtfertigen lassen ... . Insofern sich die Sätze der Mathematik auf die Wirklichkeit beziehen sind sie nicht sicher; und insofern sie sicher sind, beziehen sie sich nicht auf die Wirklichkeit." (1972)

Können wir also garnichts über Gott und die Welt erfahren?

„Die hypothetische Annahme, daß gewisse Dinge einfach wahr seien, gehört zu den unentbehrlichen Verfahren menschlichen Erkenntnisstrebens" schreibt Konrad LORENZ 1973.

Es scheint so, als sei auch im 20. Jahrhundert über die Welt, über die Wirklichkeit, über die Realität letztlich nichts wirklich bewiesen und doch wissen wir so viel. Wir „wissen", daß unser blauer Planet Erde am Rande der Galaxie liegt, die Milchstraße genannt wird und wir wissen, daß „unsere" Sonne Mars, Venus etc. als Planeten hat und wir wissen, daß das, was wir als Farbe wahrnehmen elektromagnetische Wellen sind und wir zu 90 % aus Wasser bestehen.

Die Erkenntnistheorie möchte vor allen Dingen ergründen, ob es

— eine reale Welt gibt, die unabhängig von menschlicher Wahrnehmung und menschlichem Bewußtsein ist,
— wie und wieweit unsere Wahrnehmung die reale Welt erfassen kann,
— wie diese reale Welt strukturiert ist.

„A priori sollte man solch eine chaotische Welt erwarten, die durch Denken in keiner Weise faßbar ist. Man könnte (ja sollte) erwarten, daß die Welt nur insoweit sich als gesetzlich erweise, als wir ordnend eingreifen. Es wäre eine Art Ordnung, wie die alphabetische Ordnung der Worte einer Sprache. Die Art Ordnung, die dagegen z.B. durch NEWTONS Gravitationstheorie geschaffen wird, ist von ganz anderem Charakter. Wenn auch die Axiome der Theorie von Menschen gesetzt sind, so setzt doch der Erfolg eines solchen Beginns eine hochgradige Ordnung der objektiven Welt voraus." (EINSTEIN, in BARROW, 1993)

Das bisherige dominante Kausalitätsprinzip (Ursache-Wirkung) muß zugunsten von Zusammenhangsanalysen wie Symmetrien etc. (Wellen) aufgegeben werden.

Die Strukturen oder Ordnungsprinzipien, die das ganze Universum verstehbar, erklärbar machen, bzw. es – das Universum – sind, scheinen noch mannigfach, aber es ist durchaus in greifbare Nähe gerückt, von **einer Universalie** der Urkraft, dem – „göttlichen" – Naturgesetz, dem **Geist**-prinzip zu sprechen.

„So glaube ich z.B., daß das Universum von einem einzigen Satz von untereinander widerspruchsfreien Naturgesetzen regiert wird, die nie durchbrochen werden. Diese Überzeugung, die für mich persönlich geradezu axiomatischen Charakter hat, schließt außernatürliche Geschehnisse aus", schrieb K. LORENZ 1973. Zwischen allen Ebenen der realen Welt, der Wirklichkeit, der Welt-an-sich (KANT) besteht ein kontinuierlicher Zusammenhang.

Alan WATTS sagt: „In der Natur wird Zufälliges (im Sinne von es fällt etwas zu, (G.B.) stets in Beziehung zum Geordneten und Kontrollierten erkannt." (WATTS, 1979)

KANT meinte bereits, daß das Kausalitätsdenken eine determinierende Grundstruktur des menschlichen Denkens sei. Die Ursache muß eine Wirkung haben, auf die Ursache folgen – meint der gesunde Menschenverstand. Die moderne Physik kennt diese Kausalität nicht mehr.

Im subatomaren Bereich kann die Wirkung vor der Ursache liegen; jedenfalls im Auge des forschenden Physikers scheint es so. Sicherlich auch, weil er die Ebene, die Dimension, die die Verknüpfung des kleinsten Teilchens im Kosmos mit jedwedem anderen Teilchen nicht erfassen, höchstens ahnen kann.

Eng mit dem kausalen Denken ist das dualistische Denken verbunden. Wo Unglück ist gibt es auch Glück, wo Sein ist muß es auch Nicht-Sein geben, wo Materialismus ist, ist das Gegenteil Idealismus.

Wir wissen inzwischen, daß Materie und Energie keine unabhängigen Modalitäten sind, sondern eine Einheit von beiden erscheint uns Menschen manchmal als Materie, dann als Energie. Der Monismus als Pendant zum Dualismus meint, daß die Wirklichkeit einheitlich und von **einer** Grundbeschaffenheit ist.

Warum fällt es uns so schwer, die Einheit der Zweiheit zu erfassen, die Ganzheit der Teile, die mehr ist als die Summe ihrer Teile? Im Hsin-hsin-Ming heißt es:

„Wenn Du die ganze Wahrheit erfahren willst, kümmere Dich nicht um Recht oder Unrecht. Der Konflikt zwischen Recht und Unrecht ist die Krankheit des Gesetzes."

Das Yin-Yang-Motiv der chinesischen Philosophie hat auf viele Menschen eine unwiderstehliche Anziehungskraft. Das dunkle, weibliche Yin gibt es niemals ohne das helle, männliche Yang; aber erst die Überwindung des dualistischen Denkens läßt die Ganzheit erkennen, die mehr ist als das Verwischen der Teile beim Betrachten des Ganzen. Es gibt keinen unüberbrückbaren Abgrund zwischen Tier und Mensch, toter Materie und lebender Materie und Geist und Materie.

„Manche Geisteswissenschaftler legen Wert auf eine scharfe Gegenüberstellung; sie sagen, den Menschen verstehen wir, die unbelebte Natur verstehen wir nicht. Man sollte hier nicht um Worte streiten; wichtig ist mir aber, daß der kontinuierliche Zusammenhang nicht vergessen wird, der in der Wirklichkeit zwischen den begrifflich scharf geschiedenen Grenzfällen besteht". (v. WEIZSÄCKER, 1970)

Nach KANT ist Kausalität ein Verstandesbegriff, mit dessen Hilfe die Erscheinungswelt geordnet und strukturierte Erfahrung erst möglich gemacht wird.

Die Evolutionäre Erkenntnistheorie interpretiert KANTs a priori (vor der Erfahrung) autogenetisch als vor der Erfahrung des Individuums liegend; aber phylogenetisch als a posteriori, weil die Gattung/Art Mensch diese Erfahrung gemacht hat und in den genetischen Code mit aufgenommen hat.

Die Frage ist, gibt es einen Unterschied zwischen einer reinen zeitlichen Verknüpfung als zeitliche Aufeinanderfolge zweier Ereignisse, die als Ursache und daraus resultierende Wirkung interpretiert werden, oder gibt es neben (oder überhaupt nur) dieser zeitlich dimensionierten Kausalität eine inhaltliche im Sinne einer Energieübertragung und „echten" kausalen Verknüpfung (propter hoc), die allerdings nicht wie bei der zeitlichen als reine Abfolge auf der linearen Ebene, sondern sehr viel komplexer, kybernetischer als Bedingungsgeflecht zu verstehen ist, ohne – wahrnehmbaren – Anfang und durchschaubare Beziehungsstruktur?

Es erscheint sinnvoll, nur dann über Kausalität, von einem Zusammenhang von Ursache und Wirkung zu sprechen, wenn eine energetisch-kausale Beziehung vorliegt, die ihre Eindimensionalität verliert.

Wenn wir uns die ganze Wirklichkeit, das/die Universum/Universen als Makrokosmos, den/die Menschen/en als Mesokosmos und die atomare und subatomare Welt als Mikrokosmos vorstellen, dann scheint das kausale post hoc auf unser menschliches Denken zu passen, wie „die Faust auf's Auge", da wir immer in zeitlicher Dimension wahrnehmen (Vergangenheit-Gegenwart-Zukunft) und uns das von EINSTEIN „entdeckte" Raum-Zeit-Kontinuum nicht vorstellen können (Wieso hängen Raum und Zeit zusammen? Wieso kann Zeit stillstehen? Wieso kann Raum zu Zeit und Zeit zu Raum werden?); wie sollten wir da Beziehungsgeflechte anders als auf rein zeitlicher-mesokosmischer Ebene wahrnehmen? In der makrodimensionierten Welt könnten die Beziehungsstrukturen schon deutlicher werden, weil wir mehr „Überblick" hätten, höher auf der Leiter stehen und das Andere mit mehr Distanz betrachten könnten, da sich unser Blickfeld, unser Horizont erweitert hat. Auf der mikrokosmischen Ebene spielt sich propter-hoc-Kausalität anscheinend vor dem Auge des Betrachters – sprich Physikers – ab, allerdings mit wahrhaft mikrokosmischen Ausmaßen. (Kosmos heißt griechisch **Ordnung**)

Ohne Energieübertragung scheint echte Kausalität nicht mehr denkbar.

„Ohne Signalübertragung ... keine Wirkung! Von Ursache und Wirkung sprechen wir nur dann, wenn zwischen ihnen ein Signal übertragen wurde, das Signal stellt die kausale Beziehung überhaupt erst her. Was aber wird bei jedem Signal übertragen? ... bei jedem Signal findet ein Energieübertrag ... statt. Ohne Energieübertragung kein Signal, keine Nachricht, keine kausale Verknüpfung, keine Wirkung, keine Ursache!" (VOLLMER, 1981)

Es erscheint sinnvoll, nur dann von Kausalität zu sprechen, wenn ein Energieübertrag stattgefunden hat.

(Wie aber soll ein Mensch auf dem blauen Planeten Erde erkennen, daß er einen Energieaustausch mit einer Energie hat, die vielleicht 4,3 Lichtjahre von ihm entfernt ist?)

„Das Damoklesschwert konnte durch die Aktivität einer Fliege ins Fallen kommen; ein Schuß kann einen defekten Staudamm zum Einsturz bringen; ein Tritt oder ein Ruf kann eine Lawine auslösen; Blicke können einen zur Raserei bringen, ein Photon kann eine Wasserstoffbombe zünden". (VOLLMER, 1981)

Das physische Universum existiert NICHT unabhängig von der Gedankenwelt des Beteiligten

was wir wirklichkeit nennen, ist ein konstruiertes gebilde des geistes.

Wir entwerfen uns selbst und wir entwerfen einander

die zeitliche folge hat keine bedeutung, da dieses entwerfen jenseits der zeit stattfindet.

Innerhalb der Raum-Zeit wahrgenommen, sind diese Einheiten selbstorganisierend

selbstorganisierendes biogravitationsfeld

alles fließt – es lebt.

Von unserer Ebene der Wahrnehmung aus gesehen, könnte ein selbstorganisierendes FELD einen Gegenstand hervorbringen.

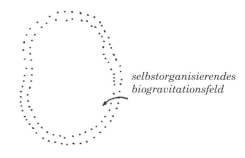

selbstorganisierendes biogravitationsfeld

biogravitationen mit der masse von einem elektronen-volt im Bereich von 1/10 000 cm können selbstorganisierend sein.

formt die teilchen (moleküle könnten eine partikularisation des feldes sein).

Kann das Bewußtsein die Stärke der Biogravitationsfelder beeinflussen?

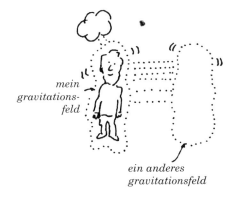

mein gravitationsfeld

ein anderes gravitationsfeld

nicht der gegenstand erzeugt das Feld,

sondern das feld könnte den „gegenstand" erzeugen.

Wir entwerfen unsere eigenen individuellen Realitäten

*alles, was wir denken oder wahrnehmen können,
wird uns durch unsere individuellen gedanken bewußt*

Abbildungen (S. 22-24) aus: B. Toben „Raum-Zeit und erweitertes Bewußtsein", Synthesis Verlag 1980

Das reduktionistische Menschenbild der Sensorischen-Integrations-Theorie

Die Theorie der „SI" nach AYRES

Aus: Douglas R. Hofstadter „Gödel, Escher, Bach. Ein endloses geflochtenes Band"
(Aus dem Amerik. von Philipp Wolff-Windegg / Hermann Feuersee.) 1979, Basic
Books. Mit freundl. Genehmigung des Verlages Klett-Cotta, Stuttgart 1991[13]

Sensorische Integration (SI) ist die sinnvolle Ordnung und Aufgliederung von Sinnesreizen im Gehirn. Eine Dysfunktion liegt dann vor, wenn es zu Interferenzen, hyper- oder hypofunktionellen (Fazilitation/Inhibition) Integrationsabläufen kommt.

Entscheidende Bedeutung im Integrationsprozeß mißt J. AYRES dem vestibulären System zu. Es sorgt nicht nur für unser Gleichgewicht, sondern reguliert den

Muskeltonus. Unsere „Beziehung" zur Gravitation der Erde läßt unser Körperimago entstehen, erfaßt den Rhythmus akustischer Empfindungen und vieles mehr.

Zusammen mit der Formatio reticularis wirkt das vestibuläre System eingliedernd und fördernd auf die Aufnahme und Verarbeitung von perzeptiven Prozessen.

Daneben mißt J. AYRES dem taktilen System (Oberflächenwahrnehmung) und dem propriozeptiven (Kinästhetik) als Wahrnehmung von Tiefenempfindung große Bedeutung bei.

„Sensorische Integration ist der Prozeß des Ordnens und Verarbeitens sinnlicher Eindrücke (Sensorischer Input), so daß das Gehirn eine brauchbare Körperreaktion und ebenso sinnvolle Wahrnehmungen, Gefühlsreaktionen und Gedanken erzeugen kann. Diese Sensorische Integration sortiert, ordnet und vereint alle sinnlichen Eindrücke des Individuums zu einer vollständigen und umfassenden Hirnfunktion" (AYRES, 1984, S. 37). Die ständig auf das Kind einströmenden Reize müssen gefiltert, sortiert, integriert und verarbeitet werden.

Aus den Millionen Bits als Einzelinformation muß ein Ganzes werden.

AYRES weist darauf hin, daß auf jedem Funktionsniveau (den unteren, älteren und den phylogenetisch neueren und differenzierteren) vollständige Integration möglich ist und daß eine Störung auf einer primitiven Funktionsebene (Klein-, Stamm- und Zwischenhirn) die Differenzierung der darauf aufbauenden Funktionen beeinträchtigt.

„Lernen ist eine Funktion des Gehirns; Lernstörungen können deshalb als Abweichungen innerhalb der Neuralfunktion betrachtet werden." (AYRES, 1979, S.1)

Die Definition von „Lernen" erinnert an PIAGET, ebenso wird die Enge der Bindung an medizinisch-biologische neurophysiologische Erkenntnisse deutlich.

Es ist einerseits sehr zu begrüßen, daß eine neurophysiologische Orientierung stärkere Beachtung im sonderpädagogischen Bereich findet; andererseits vertritt

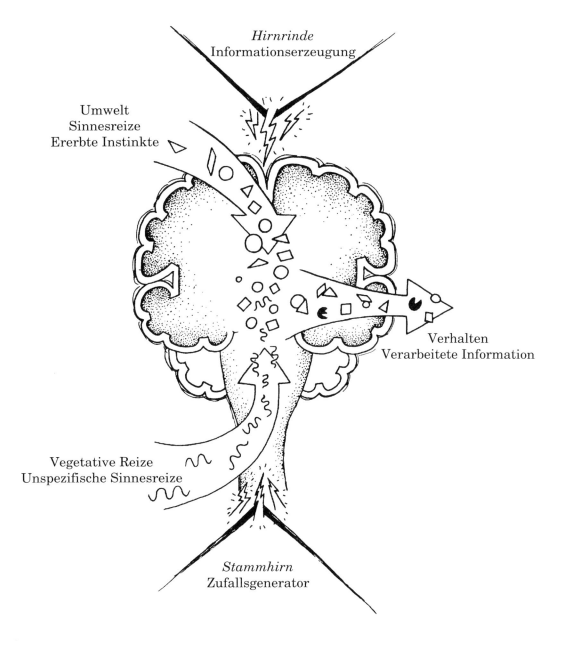

Aus: John Briggs / David Peat, Die Entdeckung des Chaos. © 1990 Carl Hanser Verlag, München / Wien

J. Ayres m.E. diese Ebene des menschlichen „Seins" und „Funktionierens" zu isoliert und verliert dabei die ganzheitliche Betrachtung aus dem Auge, die dem Sonderpädagogen niemals aus dem Erkenntnis- und Interpretationszusammenhang entschwinden sollte.

„Lernen" als eine Funktion des Gehirns zu bezeichnen ist sicherlich nicht falsch – aber eben unvollkommen.

„Lernstörungen" als eine Abweichung dieser neurophysiologischen Vorgänge zu definieren reduziert Menschsein auf neuro-cerebral-elektrische- und biochemische Prozesse.

Eine gut funktionierende Integration aller sensorischen Inputs ist zweifellos von entscheidender Bedeutung für eine gute Entwicklung des Kindes. Aber die Schwierigkeiten eines Kindes, „Freundschaften zu schließen" (Ayres, 1984, S. 13) oder alle möglichen anderen Verhaltensstörungen (Ayres 1984, S. 173 ff) ausschließlich auf eine sensorisch-integrative Dysfunktion zurückführen zu wollen, degradiert die Kinder auf die Stufe reiner Reiz-Reaktions-Marionetten.

Eine dennoch wichtige Schlußfolgerung für die Sonderpädagogik aus diesen medizinisch-biologischen Erkenntnissen ist das basale Training. Oft wird in der Praxis der Fehler gemacht, auf der „höher" angesiedelten Symptomebene mit der Therapie zu beginnen, statt sich der tiefliegenden Ursache bewußt zu werden und mit einer basalen, grundlegenden Stimulation zu beginnen.

Die Sensorische Integrationstherapie nach J. Ayres ist eine Behandlung auf neurophysiologischer Grundlage. Hier werden dem Kind keine Wissensinhalte vermittelt, es werden auch keine Funktionen isoliert oder systematisch trainiert. Stattdessen werden dem Kind Geräte und Materialien angeboten, die den sensorischen Input verbessern, so daß eine Integration der sensorischen Information gewährleistet ist. Statt sich an Symptomen zu orientieren werden die basalen sensomotorischen Fähigkeiten unterstützt und stabilisiert. Das Kind soll anhand verschiedener Geräte und Tätigkeiten seine eigenen Bewegungen anpassen und steuern lernen. Der Therapeut lenkt die Aktivitäten des Kindes nur indirekt, indem er die nötigen Geräte und Materialien zur Verfügung stellt, die dem Kind die nötigen Reize vermitteln, die es zur Integration benötigt.

Das Kind soll nach Möglichkeit selbständig handeln, über das aktive Ausprobieren soll es seine sensomotorischen Möglichkeiten erfahren. Dabei ist, wie bei einer medikamentösen Therapie, die sorgfältige Dosierung der sensorischen Reize von zentraler Bedeutung.

Die taktil-kinästhetischen und vestibulären Reize sind sehr wirksam und eine Überstimulation kann zu unerwünschten Nebenwirkungen führen, während bei einer Unterdosierung die angestrebte Wirkung ausbleibt.

„Im Vordergrund der SI-Therapie stehen der Input und die Differenzierung der Körpersinne: Tastsinn, Tiefensensibilität und Gleichgewichtssinn. Diese drei Sinnessysteme spielen für die Entwicklung der Körper- und Raumwahrnehmung, für die sensomotorische Entwicklung eine grundlegende Rolle. Die visuellen und auditiven Informationen ergänzen diese Erfahrungen, ermöglichen die Planung (Praxie) des Handelns. „Für den ungeschulten Beobachter wirkt die SI-Therapie wie eine fröhliche Spielstunde. Das Kind schaukelt, fährt mit dem Rollbrett, es klettert, baut aus Geräten eine 'Burg', bewältigt einen Hindernisparcour usw." (AUGUSTIN, 1986, S. 348).

SI ist ein Konzept, das Menschsein auf Reiz-Reaktions-Schemata reduziert, und dennoch bietet das Konzept Möglichkeiten, sich Phänomenen im Bereich von „Abweichungen" zu nähern, wie eben dem Phänomen Autismus.

Nach unserem Überblick über die Geschichte der Leib-Seele-Problematik ist der SI-Ansatz zuordbar, und zwar der Identitätstheorie die da meint, daß Geist eine **Funktion** des Gehirns **ist** und damit psychische bzw. geistige Prozesse sowie Bewußtseinszustände **Zustände** von Neuronen, Neuronenkomplexen und des zentralen Nervensystems **sind**.

Geist taucht als expliziter Begriff nicht auf, psychische Erlebens- und Verhaltensweisen werden als Resultat sensorischer Verarbeitungsprozesse interpretiert.

SI ist demzufolge eine monistische Theorie. Es gibt nicht zwei (oder mehr) Substanzen, z.B. Geist/Seele; Leib/Seele; Materie/Geist, sondern nur eine:

    Materie = Gehirn.

Gerhard VOLLMER stellt als Vertreter der „Evolutionären Erkenntnistheorie" die Hauptfrage an die monistische Identitätstheorie: „Was ist die strukturelle Besonderheit jener neuronalen Strukturen und Prozesse, die mit psychischen (und geistigen, G.B.) Erlebnissen verbunden sind? ... In dieser Frage kristallisiert sich das Leib-Seele-Problem für den Monisten."

Was spricht gegen die monistische Identitätstheorie? Eine monistische Theorie muß immer das Zustandekommen des anderen Aspektes – in diesem Falle des Geistes – erklären.

„Die psychischen Vorgänge und Erlebnisse sind zwar subjektiv aber für jedes einzelne Subjekt doch unleugbar und primär gegeben. Alle anderen (objektiven) Strukturen werden indirekt erschlossen, sogar nur vermutet. Insofern ist es jedenfalls viel leichter, die Existenz oder den Vorrang der **Materie** zu bezweifeln (wie der Spiritualismus), als umgekehrt eine bewußtseinsunabhängige Materie anzuerkennen, die Existenz des Bewußtseins zu bestreiten (wie der strenge Materialismus). So ist auch der Standpunkt des Solipsisten, der die Realität der gesamten Außenwelt (einschließlich des eigenen Körpers) in Frage stellt und nur die Existenz seines eigenen Bewußtseins anerkennt, weder logisch noch empirisch widerlegbar" (VOLLMER, 1986).

Wie kann also durch neurophysiologische Vorgänge, Geist bzw. psychisches Erleben entstehen?

Ist das Entstehen von Geist im Moment noch nicht zu erklären, da die Hirnforschung noch am Anfang ihrer Entwicklung steht, oder wird der monistische Ansatz nie in der Lage sein, dieses zu erklären, da er einfach „falsch" – nämlich einseitig und nicht dualistisch – angelegt ist?

Oder ist der monistische Ansatz doch „richtig", ist nur nicht (Hirn-) Materie der Grundbaustein – oder „Weltknoten" um mit SCHOPENHAUER zu sprechen – sondern der Geist?

Nach v. DITFURTH hat die Evolution „allein deshalb zur Entstehung unseres Gehirns und damit auch unseres Bewußtseins führen können, weil das Geistige in dieser Entwicklung von allem Anfang präsent und wirksam gewesen ist". (v. DITFURTH, 1978)

Zum Schluß dieses Kapitels möchte ich Max PLANCK zu Wort kommen lassen:

„Meine Herren (wo bleiben die Damen, Herr PLANCK? G.B.), als Physiker, also als Mann, der sein ganzes Leben der nüchternsten Wissenschaft, der Erforschung der Materie, diente, bin ich sicher von dem Verdacht frei, für einen Schwärmgeist gehalten zu werden. Und so sage ich Ihnen nach meinen Erforschungen des Atoms dieses: Es gibt keine Materie an sich! Alle Materie entsteht und besteht durch die Kraft, welche die Atomteilchen in Schwingung bringt und sie zum winzigsten Sonnensystem des Atoms zusammenhält ... , so müssen wir hinter dieser Kraft einen bewußten, intelligenten Geist annehmen. Dieser Geist ist der Urgrund aller Materie. Nicht die sichtbare, aber vergängliche Materie ist das Reale, Wahre, Wirkliche, sondern der unsichtbare, unsterbliche Geist ist das Wahre!"

Der Entwurf eines holistischen Modells des Menschseins

Spätestens seit CAPRAS „Tao der Physik" und „Wendezeit" ist der Begriff „Holismus" (Ganzheit) in der Literatur immer häufiger zu finden und er zieht allmählich ein in die „alltägliche" Terminologie.

Nachdem in unserer Kultur der eine Pol des menschlichen Potentials, die Ratio, das Denken, die Vernunft – Überhand gewann und der andere Pol mit seinen Dimensionen – Kreativität, Phantasie, Intuition, holographisches Bewußtsein ein Schattendasein führte, läßt die Devise des „holographischen" Menschen- und Weltbildes, daß das Rationale und das Intuitive komplementäre Formen des menschlichen Geistes/Bewußtsein sind, eine neue ganzheitliche Sichtweise zu.

„Rationales Denken ist linear, fokussiert, analysiert. Es gehört zum Bereich des Intellekts, der die Funktion hat, zu unterscheiden, zu messen und zu kategorisieren. Dementsprechend tendiert rationales Denken zur Zersplitterung. Intuitives Wissen dagegen beruht auf unmittelbarer, nicht-intellektueller Erfahrung der Wirklichkeit, die in einem Zustand erweiterten Bewußtseins entsteht. Es ist ganzheitlich, oder 'holistisch', nichtlinear und strebt nach Synthese". (CAPRA, 1984)

Rationales Denken verläuft linear, intuitive Wahrnehmung ist zirkulär. Wir kennen alle das ernüchternde Phänomen der wissenschaftlichen Forscher und Forschung: Das Wissen über immer weniger wächst und wächst, das Wissen um Zusammenhänge schwindet. Die Ansicht, die Analyse der Teile trage automatisch zum Verständnis des Ganzen bei bzw. sei in der Lage, das Ganze als Summe der Teile zu erklären, hat sich als falsch erwiesen. Das Wissen um perzeptive Prozesse hat Erkenntnisse über Verhaltensweisen, z.B. von Autisten, mit sich gebracht, kann aber letztlich über das holistische Phänomen „Autismus" wenig aussagen.

Warum zeigt ein Mensch Verhaltensweisen, die als „autistisch" etikettiert werden? Weil seine elektrischen und biochemischen Prozesse im Gehirn pathologisch verlaufen? Reicht diese Erklärung aus, um ein derartig vielschichtiges Syndrom auch nur annähernd zu erfassen? Denken wir an die uralte philosophische Grundfrage nach dem Urgrund des Seins: Geist oder Materie, was macht letztendlich den Menschen aus?

Ist der Autist nun „geistig" behindert oder „materiell" fehlgesteuert im Sinne einer sensorischen Dysfunktionalität? Ist es nicht reichlich diskriminierend, einen Menschen überhaupt als „geistig" behindert zu bezeichnen?

Die englische Sprache bietet die Unterscheidung mit „mind" und „spirit".

„Mind" meint die mentalen Fähigkeiten des Gehirns, also „Geist" im Sinne von Denken, Verstand, Intellekt, Wahrnehmung; während „spirit" den „beseelenden" oder „transzendierenden" **Geist** meint.

Es wäre somit an der Zeit, die Bezeichnung „geistige Behinderung" als „mentale Behinderung" zu beschreiben.

Alle großen Physiker dieses Jahrhunderts sehen **Energie** als Kraft, die Materie „antreibt". Wie lange dauert es noch, bis Pädagogen und Sonderpädagogen/Heilpädagogen die Erkenntnisse der härtesten aller Naturwissenschaften, der Physik (die mit dem Geist-Begriff operiert!), für sich nutzbar machen? ARISTOTELES sagte noch: „Energie ist das, was alles in Bewegung setzt". DESCARTES postulierte jedoch zwei Aspekte der Natur, den Geist (res cogitans) und die Materie (res extensa), die zwar zusammen die ganze Wirklichkeit ausmachen, aber streng voneinander getrennt sind.

Dieser mechanistische Standpunkt hat seit NEWTON das physikalische Weltbild des Abendlandes beherrscht, bis Albert EINSTEIN, der „Technische Experte Dritter Klasse" des Schweizer Patentamtes kam, holistisch mit beiden Hirnhemisphären dachte und siegte. Er glaubte an die Ganzheit der Natur und zeigte in seiner speziellen Relativitätstheorie, daß das damalige Weltbild tiefgehend zu revidieren sei.

Neue Vorstellungen von Zeit und Raum impliziert die Formel $E = mc^2$. Nach EINSTEIN ist der Raum nicht dreidimensional und auch nicht anders und unabhängig von der Zeit und umgekehrt. Er nahm ein Raum-Zeit-Kontinuum an, wodurch die Absolutheit von Raum und Zeit verschwand und sie zu zwei Aspekten einer

Ganzheit wurden. TAO der Physik. In der Theorie ist es zwar möglich, Elemente vom Ganzen oder voneinander zu trennen, z.B. Geist von der Materie, wie es DESCARTES getan hat oder ein physikalisches Ereignis von einem anderen, wie NEWTON es hat, doch letztlich ist Energie frei von schizophrenen Zügen. Materie ist als eine Erscheinung der Energie zu betrachten: $E = mc^2$ = Die Energie ist gleich der Masse multipliziert mit dem Quadrat der Lichtgeschwindigkeit. Wie Elektrizität und Magnetismus sind Materie und Energie nicht verschieden sondern Teile einer Ganzheit. Ist bzw. hat Materie (und damit materielle Vorgänge wie neurophysiologische im Gehirn eines Menschen) Realität?

Auf der subatomaren Ebene existiert Materie nicht mit Sicherheit an bestimmten Orten, sondern zeigt eher eine **Tendenz** zu existieren. Auf der subatomaren Ebene lösen sich die Festkörper der klassischen Physik in wellenartige Wahrscheinlichkeitsbilder auf und diese Bilder stellen nicht die Wahrscheinlichkeit von Dingen dar, sondern von Zusammenhängen. „Die Quantentheorie enthüllt somit die grundsätzliche Einheit des Universums. Sie zeigt, daß wir die Welt nicht in unabhängige kleinste Teilchen zerlegen können. Wenn wir in die Materie eindringen, zeigt uns die Natur keine isolierten 'Grundbausteine', sondern erscheint eher als ein kompliziertes Gewebe von Zusammenhängen zwischen den verschiedenen Teilen des Ganzen." (CAPRA, 1984)

Für unsere „Sensorische Integration" als Aufnahme und Verarbeitung von Sinnesreizen erscheint die Welt der Materie als mehr oder weniger „feste" Welt.

„Die Festigkeit der Materie ist die Folge eines typischen 'Quanten-Effekts', der mit der Doppelnatur 'Welle-Teilchen' in der Materie zusammenhängt, einer Eigenschaft des Subatomaren, für die es im Makrokosmos keine Analogie gibt. Wann immer ein Teilchen nur einen kleinen Raum zur Verfügung hat, reagiert es auf diese Begrenzung mit Bewegung. Je kleiner der Raum ist, desto schneller bewegt sich das Teilchen darin. Im Atom gibt es zwei entgegengesetzte Kräfte. Einerseits zieht der Kern die Elektronen durch elektrische Anziehung so dicht wie möglich an sich heran, andererseits reagieren die Elektronen auf ihre räumliche Beschränkung damit, daß sie herumwirbeln; und je dichter sie an den Kern herangezogen werden, desto größer ist ihre Geschwindigkeit. Es ergeben sich dabei Geschwindigkeiten von ca. 900 km pro Sekunde! Diese hohen Geschwindigkeiten lassen das Atom als starre Kugel erscheinen, genau wie ein schnellaufender Propeller als Scheibe erscheint. Es ist schwierig, Atome zu komprimieren; und somit geben sie der Materie das vertraute feste Aussehen." (CAPRA, 1984)

Materie kann also als eine Erscheinungsweise der Energie aufgefaßt werden und ihre Form hängt ab von der Natur des Energieprozesses, der in ihrer Bewegung wirksam ist. Was wir in unserer physischen Umwelt als die verschiedenen Gestalten der Materie zu betrachten gewohnt sind, ist nichts anderes als das lebendige, bewegte Gefüge bestimmter Energiemuster.

Es sind also nicht die Materie, die neurophysiologischen Prozesse, sondern die antreibende Energie, die letztlich all diesen materiellen Vorgängen zugrunde liegt. Also ist ein Autist nicht sensorisch schlecht integriert, sondern „geistig" behindert? Kann das die richtige Schlußfolgerung aus diesen Ausführungen sein? Ich glaube kaum! Aber dazu müßten wir vielleicht doch die Begriffe Geist, Seele, Bewußtsein „auseinandernehmen".

Was ist das: Bewußtsein?

Auf der neurophysiologischen Ebene gibt es Wahrnehmungsprozesse, perzeptive Prozesse: Ein Sinnesreiz wird über die entsprechenden Leitungen ins Gehirn geschickt und dort verarbeitet. Aber der Apperzeptionsprozeß ist als Erweiterung des Perzeptionsprozesses ein Akt der Erkenntnis, des Bewußtseins.

„Der Satz, daß unser Bewußtsein auf die Gegenstände und Ergebnisse unseres Forschens 'abfärbt', gilt nicht nur für solche eher negativen Züge wie persönliche Voreingenommenheit oder berufsbedingte Skepsis gegenüber neuen Ansätzen, sondern hat viel allgemeinere Gültigkeit. Eine Schlußfolgerung der Quantenphysik lautet, daß der Beobachter und sein Beobachtungsgegenstand nicht voneinander zu trennen sind – so wenig, wie man Elementarteilchen außerhalb ihres natürlichen Zusammenhangs studieren kann.

Werner HEISENBERG legte 1927 im Zusammenhang mit seinem berühmten (und später experimentell bestätigten) Unschärfeprinzip dar, daß **jede** Beobachtung das Beobachtete beeinflußt, d.h., verändert. Sobald wir unsere Aufmerksamkeit auf etwas lenken, führen wir ihm Energie zu und beeinflussen es damit.

Das zeigt sich sehr deutlich in der wissenschaftlichen Forschung (und hier vor allem im subatomaren Bereich), gilt jedoch auch für's tägliche Leben. Denken wir zum Beispiel ständig an die Schwierigkeiten des Lebens, so versorgen wir sie unaufhörlich mit neuer Energie und sorgen damit selbst dafür, daß sie bestehenbleiben ... . Worauf wir unsere Energie konzentrieren und wohin wir sie lenken, hängt von unserem Bewußtseinszustand ab; doch der läßt sich nicht beschreiben, sondern nur direkt erfahren!" (SABETTI, 1987)

Wenn der Forscher sich einem Autisten nähert, um dessen Wahrnehmungs- und Bewußtseinsprozesse zu erforschen, kommt es energetisch gesehen zu einer gewissen Verschmelzung von Subjekt und Objekt und das ach so hoch gehaltene Kriterium jeder wissenschaftlichen Forschung, die Objektivität, wird letztlich uneinholbar; gerade auch dann, wenn der Inhalt der Forschung Bewußtseinsprozesse des „Objektes" (sprich Autisten) sind.

Der Physiker Jack SARFATTI hat einmal gesagt: „Wir haben erkannt, daß Bewußtsein und Energie Eins sind." Bewußtsein haben heißt, vom Wissen zu wissen – Wahrnehmungen zu reflektieren.

Neurophysiologische Wahrnehmungsprozesse sind z.T. meß- und sichtbar zu machen, Bewußtseinsprozesse verlaufen auf einer anderen geistig-energetischen Ebene und sind immer subjektiv. Woody ALLEN sagte einmal sinngemäß, daß er nur eines im Leben bedauern würde, niemals auch nur für den Bruchteil einer Sekunde das Bewußtsein eines anderen Menschen gehabt zu haben.

Perzeptive Prozesse auf der materiellen Ebene sind **eher** quantitativ, apperzeptive Prozesse sind qualitativ. (Obwohl auch hier die TAO-Einheit beider bedacht werden muß).

Das Bewußtsein des Autisten werden wir nie „wissenschaftlich" (evtl. ansatzweise intuitiv) erfassen können.

„Daher gibt es verschiedene Ebenen des Bewußtseins, entsprechend den verschieden Qualitäten oder Frequenzen der Energie" behauptet SABETTI (1984).

„Je höher das Bewußtsein, desto höher die energetische Frequenz und desto vollständiger die Annäherung an die Ganzheit. Wissenschaftler nennen das niedrigste Energieniveau eines Atoms den Grundzustand; entsprechend könnten wir das niedrigste Bewußtseinsniveau jeder Energieform als Grundbewußtsein bezeichnen. Wenn jemand sein Bewußtsein erweitern möchte, so braucht er einen Energieimpuls einer bestimmten Größe, um den Grundzustand zu überwinden. Die Komplementarität, so schreibt Zukav, „führt zu dem Schluß, daß die Welt nicht aus Dingen, sondern aus Wechselwirkungen besteht."

Eben diese Wechselwirkungen oder Interaktionen zwischen den Energieprozessen erzeugen Materie (Partikel) oder Wellen. Unser Bewußtseinszustand ist der Impuls, der die Energie diese oder jene „Gestalt annehmen läßt." (Sabetti, 1984)

Unser Bewußtsein bestimmt, ob wir Trennung oder Ganzheit wahrnehmen. „Was sich unseren Sinnen als Materie darstellt, ist in Wirklichkeit eine hohe Konzentration von Energie auf relativ kleinem Raum. Wir können Materie als Bereiche im Raum betrachten, wo das Feld extrem stark ist ... . In unserer neuen Physik gibt es keinen Platz für beide – Feld und Materie, das Feld ist die einzige Wirklichkeit." (Einstein, 1938)

Ein Feld ist der räumliche Einfluß der Energie, die bei genügend hoher Verdichtung zu Materie wird.

Das holographische Modell der Hirnfunktionen von Karl Pribram ist am besten geeignet, Bewußtseinsprozesse zu verdeutlichen.

Ein photographisches Hologramm entsteht durch Laser-Licht; das Wesentliche bei diesem Verfahren ist, daß es nur mit kohärentem Licht möglich ist und zwei oder mehr Lichtwellen miteinander interagieren müssen. Aus jedem Bruchstück eines Hologramms läßt sich das ganze Bild reproduzieren.

„Wo die gemeinsame Interferenz des Lichtes von zwei Gegenständen kodifiziert ist, genügt das Licht eines der beiden um den zweiten wie durch ein gemeinsames Gedächtnis wieder zu beleuchten. Wenn die Holographie aber mehr als eine Analogie sein soll, was wäre das Äquivalent zu dem Licht des Laserstrahls? Licht ist gebündelt, kohärent, wenn seine Wellen wie marschierende Soldaten im Gleichschritt und säulenförmig angeordnet sind. Diese Bündelung könnte durch die vielen Tausende von parallelen Fasern im Sehstrang, durch die 'Hypersäulen' im visuellen Cortex oder durch das rhythmische Feuern der Zellen produziert werden. Zwar müssen noch viele Details darüber, wie das Gehirn der Holographie ähneln könnte, weiter ausgearbeitet werden, doch die experimentellen Belege für das allgemeine Funktionsprinzip, vor allem die Fouriertransformationen, sind sehr beeindruckend. Zahlreiche Experimente, die in den letzten Jahren von verschiedenen Teams durchgeführt wurden, zeigten, daß die Zellen im sensorischen Cortex Informationen holographisch kodieren... . Die holographische Hypothese liefert auch die einleuchtendste Erklärung für das Selbst-Bewußtsein, für diese nicht zu bestreitende Erfahrung, sich als persönlichen Entwurf von den anderen abzuheben und dabei das, was passiert, geistig zu registrieren. ... Das holographische Modell von PRIBRAM ist möglicherweise Ausgangspunkt einer wissenschaftlichen Revolution, er löst auf einen Schlag den Dualismus von Geist und Materie, Geisteswissenschaft und Naturwissenschaft, Existentialismus und Essentialismus ab. Wenn er recht hat, dann verändert die immaterielle, subjektive Erfahrung die Gehirnstrukturen, während diese Struktur ihrerseits die Subjektivität sehr wesentlich verändert, beides läßt sich durch eine mathematische Gleichung exakt festhalten. PRIBRAM postuliert ein offenes, zielgerichtetes, kybernetisches System des Organismus **plus** Umwelt, in dem das Bewußtsein durch die Ungleichheit von 'Feedback' und 'Feedforward' gesteigert wird und in dem ein geistiger Zusammenbruch durch unkontrollierbare Schwankungen zwischen den beiden Systemen und vorhersagbare Täuschungen und Halluzinationen signalisiert wird" (HAMPDEN-TURNER, 1982).

Immaterielles/Geistiges/Energetisches beeinflußt demnach Materielles/Körperliches und umgekehrt. Alles ist in jeder kleinsten Hirneinheit enthalten. Da aber Materie letztlich Energie ist, Energie auf „kleinstem Raum", ist Energie determinierend. „Alles in allem scheint es gute Gründe für die Annahme zu geben, daß die Ganzheit als Feldphänomen nicht von einem physischen Gehirn abhängig ist, sondern ein Bewußtsein zeigt, das jenseits der Materialität ist". (SABETTI, 1985) (Psychosomatische Erkrankungen zeigen deutlich, welchen Einfluß das Bewußtsein auf die Materie haben kann, sollte es mit sog. „geistigen" Behinderungen und Krankheiten auch so sein?)

„Nehmen wir all diese Argumente zusammen, so sind die Beweise erdrückend, daß das Bewußtsein ein universales Feld ist und Felder erzeugt, die wiederum

Materie beeinflussen und sogar hervorbringen können, aber von Materie unabhängig sind. Materie ist in ihrer Existenz andererseits von Feldern und vom Bewußtsein abhängig" (Sabetti, 1982). Können wir uns dem Phänomen Autismus „materiell" nähern oder brauchen wir nicht doch Begriffe aus dem sog. metaphysischen Bereich – der ja so meta-physisch nicht ist, wenn wir uns z.B. die Zitate von Einstein oder Planck ins Gedächtnis rufen oder Niels Bohr lesen.

Der geistige Aspekt

Das englische Wort „spirit" ist von dem lateinischen „spiritus" abgeleitet, das soviel wie Atem/Luft/Geist bedeutet. Inspiration heißt Einatmen und kreativer Einfall: das Wort „Atmen" ist mit dem indischen „Atman" (Geist) verwandt. Ist Energie mit Geist synonym zu benutzen?

Der Anfang von allem scheint Energie/Geist zu sein, wenn man/frau an die Sinnhaftigkeit allen Seins glaubt. Der Geist/die Energie ist es, der/die alles in Bewegung versetzt, auch die neurophysiologischen Aktivitäten unseres Gehirns.

Anaxagoras „nous", von Parmenides' Zusammengehörigkeit von Geist und Sein als Selbigkeit und Heraklit's „logos" – als die ursprüngliche Gesammeltheit des Seienden im einen Sein – sind Auslegungen von Geist am Anfang der Philosophiegeschichte und bis heute Bestandteile der gesamten geisteswissenschaftlichen Auseinandersetzung mit dem „Geist". Heute hat die „Naturwissenschaft Physik" einen wesentlichen Beitrag geliefert zum Hauptgegenstand der Geisteswissenschaft. Natur- und Geisteswissenschaft gespalten zu betrachten erweist sich als nicht „up to date."

Wie vielschichtig der Begriff „Geist" ist, zeigt das Wörterbuch der Philosophie von F. Austeda:

Geist (vieldeutiger Begriff):

1. Seele (Geist als Gegenbegriff zu Körper),

2. Vernunft, Verstand (Gegenbegriff: Geistlosigkeit)

3. Geistige Lebenseinstellung (verwendet in den Bezeichnungen: Geistige Interessen und geistiger Mensch, Gegenbegriff: Ungeist, Banause),
4. Inbegriff der in seiner Zeit oder Gruppe herrschenden Ideen, Tendenzen und Wissensrichtungen (z.B. Zeitgeist, Klassengeist),
5. Sinngehalt von Kunstwerken, Theorien usw. (vgl. objektiver Geist)
6. spiritistische Bedeutung (Geisterstunde),
7. theologischer Begriff: Gott als reiner „Geist", oder: heiliger „Geist" (die 3. göttliche Person).

Für uns soll Geist alles sein, die Energie schlechthin, die immer war, immer sein wird und die zu Materie „werden" kann.

Der psychische Aspekt

Das griechische Wort „Psyche" bedeutet „Seele", lat. heißt die Seele „anima": alle Bedeutungen haben ihren Ursprung in Atem/Hauch. Angeblich ist das Urwort das urgermanische saiwolo = die vom See (Aufenthaltsort der Seele vor der Geburt und nach dem Tod) her Kommende. Heute werden unter Psyche/Seele eher die emotionalen Erlebnisinhalte des Menschen verstanden.

Der energetische Aspekt als holistische Einheit

Energie ist die Grundform alles Seienden, sie ist das Seiende.
Diese Energie hat/ist geistige Qualität.
Energie kann sich zu Materie „verdichten".

Was überdauert ist Energie, nicht Materie. Menschsein auf Materie und materielle Vorgänge reduzieren zu wollen ist nicht wissenschaftlich. Wir halten es für legitim, Energie und Geist synonym zu verwenden.

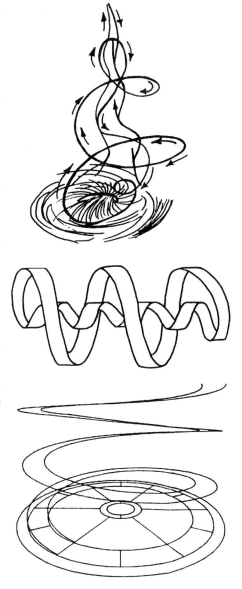

Spiralförmige Modelle der Entwicklung: „Drei Schritte vor und zwei zurück."
Rosa LUXEMBURG

Autismus als reduktionistisches und holistisches Phänomen

„SI"-Theorie liefert auch reduktionistische Erklärungen zum Phänomen Autismus. Einzelne neurophysiologische Vorgänge werden auseinandergenommen, erklärt, interpretiert und auf das Autismus-Syndrom übertragen.

Die einzelnen Sinneskanäle

— visuell

— akustisch

— propriozeptiv

— vestibulär

— gusta- und olfaktorisch

— taktil

werden analysiert und teilweise in Beziehung gesetzt.

Der Mensch als Maschine mit In- und Output, als Reiz-Aktions-Maschine.

Die Physik ist weiter! Die Psychologie und Pädagogik (Heil- und Sonderpädagogik im besonderen) sollten sich verstärkt um die Fruchtbarmachung, um den Transfer dieser Erkenntnisse auf ihren Bereich bemühen.

„Was eine Theorie sagt und leistet, zeigt sich besonders deutlich, wenn sie versagt." (VOLLMER, 1989)

Wenn pädagogisch-psychologisch arbeitende Menschen sich auf eine derartig begrenzte Theorie wie die der „Sensorischen Integration" stürzen (da die Praxis aufgrund der basalen Stimulation durchaus beachtliche Erfolge vorzuweisen hat) und den „geisteswissenschaftlichen Kontext" und die natur- und geisteswissenschaftliche Geschichte bzw. Grundüberlegung überhaupt ad acta legen (Was ist der Mensch? Passiert alles zufällig oder mit Sinn? Was ist Energie? Was ist Geist?), dann verarmen Pädagogik und Psychologie zur vielkritisierten Schul-

Pädagogik und Schul-Psychologie à la Schul-Medizin, die dem „DESCARTES'schen-Maschinen-Menschen-Bild" anhängt. Eine isolierte Technik/Therapieform kann kein Heil bringen, kann nicht heilen (ganz-machen). Beziehungsstrukturen können heilen (aber auch krankmachen), aufgrund ihres energetisch-geistigen Potentials. Eine Runde mehr auf der Creme-Rutsche oder 20 Stunden mehr vestibuläre Stimulation auf dem Rollbrett, in der Hängematte oder im Schaukelstuhl können u.U. auf materiellem Weg geistig/seelische Grundlagen anregen aufgrund der Einheit ......; der „Kanal" ist in diesem Fall materiell. Nur unsere beobachtenden, analysierenden Gehirne teilen den Menschen auf, der Mensch reagiert immer als Ganzheit. Ein Zugang auf dem materiell-neurophysiologischen Weg ist auch ein Zugang, der aber nicht einseitig materiell-neurophysiologisch interpretiert werden darf.

Solange Energie/Geist sich zu Materie verdichtet ist Geist/Energie auch über Materie ansprechbar; schon weil beide auf dieser bestimmten Ebene eine holistische Einheit bilden.

2.

Standortorientierung oder Wider den naiven Realismus

Wahrnehmung von der Meta-Ebene betrachtet

„Wer meint, an den Grenzen seiner Bewegungsfreiheit die ontische Wirklichkeit zu erkennen, ist ebenso irregeführt, wie ein Autofahrer, der die Stelle, wo ihm das Benzin ausgeht, für das Ende der Straße hält."

Ernst von Glasersfeld

2. Standortorientierung oder Wider den naiven Realismus
Wahrnehmung von der Meta-Ebene betrachtet

Das sinnliche Empfinden ist keine Form des Erkennens von Wirklichkeit!!!

Die sinnliche Empfindung wird heute vielfach verstanden als Vorstufe des Erkennens, wie Denken und damit als sinnliches Erkenntnis-Element; ein Reiz trifft auf den Rezeptor, wird weitergeleitet und cerebral zur Wahrnehmung umgestaltet und dient damit als Grundlage *gnostischer* Prozesse.

Das ist das heute geltende wissenschaftliche Axiom, das von dem Paradigmawechsel noch nicht tangiert ist.

Aus: Rucker, Die Wunderwelt der 4. Dimension. Deutsche Rechte by Scherz Verlag Bern und München

Der Konstruktivismus als empirisch-neurobiologisch begründete Erkenntnistheorie sieht die Input/Output- bzw. Reiz/Reaktions- bzw. Empfindungs-/Wahrnehmungs- bzw. Perzeptions-/Apperzeptionsprozesse mit wahrlich anderen Augen.

In den 60er Jahren wies eine Forschergruppe um den Neurophysiologen MATURANA nach, daß zwischen Außenwelt und Hirnfunktion keine eindeutigen Beziehungen bestehen.

MATURANA et al. konnten z.B. in ihren neurophysiologischen Experimenten zur Farbwahrnehmung keine Korrelation zwischen Außenweltereignissen und Aktivitäten retinaler Ganglienzellen finden. Man folgert daraus, daß im Gehirn keine Farben, z.B. 'grün' oder 'gelb', gespeichert werden. Was MATURANA aber herausfand war, daß die Aktivität retinaler Ganglienzellen mit dem farbenbenennenden Verhalten des Organismus korrelierte und eben nicht mit den 'tatsächlichen Farben' (definiert durch spektrale Energie).
Die entscheidende Schlußfolgerung daraus war, daß das Nervensystem als ein operational geschlossenes, dynamisches Netzwerk funktioniert.

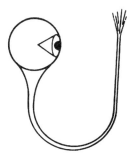

Der Mensch als sich selbst beobachtendes System (Symbol nach WHEELER)

Der zirkulare Prozeß der Selbsterhaltung durch Autopoiese wird erst möglich durch die Fähigkeit, in abgeschlossener Weise gegenüber der Umwelt zu operieren, dabei jedoch gleichzeitig gegenüber Energie- und Materieaustausch offen zu sein. Organismen (Systeme) sind damit sowohl offen, als auch abgeschlossen.

Es sei hier jedoch schon vorweggenommen, daß die postulierte funktionelle und organisatorische Geschlossenheit der Sensomotorik keineswegs ausschließt, den lebenden Organismus als ein thermodynamisch offenes System zu betrachten. Ja, es läßt sich zeigen, daß es gerade der durch den Organismus fließende Energiestrom ist, der die Möglichkeit seiner organisatorischen Geschlossenheit garantiert.

VARELA beschreibt einen autopoietischen Organismus als ein 'homöostatisches' System, das seine eigene Organisation (definiert als Netzwerk von Beziehungen) als eine fundamentale Invariante hat. (vgl. BÖSE/SCHIEPEK, 1989/SEGAL, 1988)

Eine organisatorische Schließung benötigt keine Eingänge und Ausgänge von seiner äußeren Umgebung; durch die höchste Form des Feedback im Sinne von

Rückkopplungsschleifen ist es geschlossen und beißt sich sozusagen wie eine Schlange selbst in den Schwanz bzw. „erzeugt" sich (und seine Realität) selbst.

*Der Uroboros – die sich in den Schwanz beißende Schlange (Symbol aus dem alten Ägypten) – „Circulus creativus" (VON FOERSTER). Die Erkenntnis, daß der Beobachter das beobachtete Phänomen **und** der Prozeß des Beobachtens eine Ganzheit bilden.*

„Wenn ein Beobachter sagt, das Nervensystem habe unabhängige sensorische und motorische Subsysteme, die mit der Umwelt interagieren, dann hat er die begriffliche Organisation des Nervensystems nicht verstanden. Wie MATURANA anmerkt, ist das Nervensystem „... ein geschlossenes neurales Netzwerk interagierender Neuronen ... . Ein geschlossenes neuronales Netzwerk hat keine Oberflächen für Input und Output, die für seine Organisation kennzeichnend wären ... . Wir glauben, das Nervensystem sei ein offenes System, das Reize von der Umgebung erhält. Das bedeutet, daß sein Output zu seinem eigenen Input wird ... . Wenn Sie ein System haben und irgend etwas als eine Ausgabe definieren und dann diese Ausgabe zur Eingabe machen, dann haben Sie ein One-Input-System... Wir glauben, daß wir oder andere mit einem unabhängigen sensorischen System Daten (Inputs) sammeln, diese mit Hilfe des Gehirns auswerten und dann entsprechende Handlungen ausführen (Output)." (SEGAL, 1988, S. 188 ff).

Operationale Schließung wird damit zur zentralen Voraussetzung für autonomes Verhalten und das Gehirn ist danach autonom.

„Die Schlußfolgerung heißt, daß in unserer äußeren Umwelt keine ‚Qualitäten' wie Farben, Gegenstände oder Musik existieren. Es gibt nur elektromagnetische Wellen, sich bewegende Moleküle usw., welche aber auch nicht ‚realer' sind. Unsere Konstruktionen entsprechen bestimmten Theorien, Begriffen und Meßinstrumenten". (BÖSE/SCHIEPEK, 1989, S. 91)

Auf den ersten Blick halten wir jedes andere, und vor allem ein so extrem anderes Modell wie es uns die Konstruktivisten nahelegen – für ir-relevant, ja: ir-real (verrückt), schließlich vermitteln uns die Sinne Realität und können (bis auf psychotisch-pathologische Zustände) nicht ir-real sein.

Und wenn wir dann noch diese neue Theorie auf „Wahrnehmungsstörungen" ausweiten, die wir so eifrig diagnostizieren und therapieren, ist die Konfusion komplett. Also qualifizieren wir diese Theorie lieber ab oder verdrängen bzw. ignorieren sie.

Gottlob sind die Zeiten vorbei, als wissenschaftliche Ketzer hingerichtet wurden. Wenn meine eigene Wahrnehmung nicht die Realität widerspiegelt, wie kann ich dann „Störungen" feststellen? Diese „Störungen" wären dann ja in mir. Da gibt es einerseits Empfindungen, die werden so physiologisch untersucht (BIRBAUMER) und es gibt das Empfinden, die psychische Qualität. Korreliert die psychische Qualität der Empfindung mit der physiologisch meßbaren Qualität?

Ist die Trennung der Psycho-Physis in einem Buch, in dessen Titel das Wort „holistisch" vorkommt nicht sowieso ketzerisch, redundant etc.??

Die Lehre von den physiologischen Empfindungen (als Basis der Wahrnehmung interpretiert) verkauft uns ihre Forschungsergebnisse als reine Empirie. Empirie heißt „Erfahrung" und Erfahrung einer Empfindung ist nicht meßbar, da intrapsychisch.

Objektivierende/quantitative Meßverfahren scheinen mit dem Instrumentarium der Naturwissenschaft empirisch zu arbeiten.

Bezüglich der Erforschung bzw. Erfahrung von Empfindung ist das auf DESCARTES zurückgehende cartesianisch genannte Denken auch heute noch deutlich zu spüren. DESCARTES unterschied zwischen zwei Substanzen, einer res extensa und einer res cogitans (CAPRA, STÖRING).

Die Wahrnehmungspsychologie und Wahrnehmungs-Neurophysiologie hat als Axiome diese Elemente des Denkens DESCARTES' unreflektiert internalisiert. Wie **Geist** und **Körper** (**Leib/Seele**) trotz ihrer völligen Verschiedenheit der beiden Substanzen miteinander verbunden sind, darüber hat DESCARTES oft aber widersprüchlich bis unklar geschrieben: „Und wenngleich ich vielleicht ... einen Körper habe, der mit mir sehr eng verbunden ist, so ist doch ... soviel gewiß, daß ich von meinem Körper wahrhaft verschieden bin und ohne ihn existieren kann." (VI, Méditations, S.17).

Das Gehirn kann demnach wohl körperliche Sinnes-Empfindungen aufnehmen und verarbeiten, der reine Gedanke, die Ideen, die Empfindung ist dem separaten Geist zuzuordnen.

In „L'Homme" heißt es dagegen, daß die durch die Einwirkung der äußeren Dinge im Sinnesorgan, Nerv und Gehirn bewirkten Bewegungen der **Seele** Gelegenheit geben, da sie mit der Maschine des Körpers vereinigt ist, die verschiedenen Ideen der Farbe und des Lichts zu erfassen.

Die mechanisch arbeitenden Sinne können also der Seele zur Empfindung verhelfen. Nach DESCARTES sind Geist und Körper eigentlich getrennt, was die „Sache" mit den Empfindungen betrifft, doch wieder – auf unerklärliche Weise – nicht. Geist und Körper haben eigentlich keine Kommunikationsmöglichkeit, der Körper wird ganz klar als Maschine betrachtet, der Elemente (inkl. Sinnesorgane) ohne Eingreifen der Seele bewegen kann und funktionieren (oder auch nicht?) läßt. Durch die Trennung der Substanzen Geist und Körper wird der Geist von der materiellen Welt radikal getrennt. Bis heute wird gerätselt, bzw. werden die sog. objektiven Forschungsergebnisse interpretiert, ob es eine Verbindung von materiellen Sinnes/Gehirn-Funktionen und geistig/im-materiellem Geschehen gibt (HUTCHINSON/AUGORO/STANCIU).

Der Philosophie DESCARTES sind heute die Neurophysiologie und Schulmedizin und die dementsprechende Literatur im-/oder explizit verpflichtet. Die Empfindungen/Wahrnehmungen sind das Ergebnis eines physiologischen oder psychophysiologischen Prozesses – sie sind das Empfundene/das Wahrgenommene.

Ist es Haarspalterei oder sinn-voll zwischen Perzeption und Apperzeption zu unterscheiden? Gibt es eine phänomenal-materielle, eine psychologische und eine transzendental-phänomenologische Empfindung/Wahrnehmung und sind dann nicht die physiologischen Hypothesen über Empfindungen/Wahrnehmungen in einer ganzheitlichen Betrachtungsweise des geistig-körperlichen Menschen von einer geringeren Reichweite und Aussagekraft? Seit LOCKE, der Sinne, Sinnesorgane und „Empfindungen" in kausaler Beziehung sieht, sieht die lineare Kausalität der Wahrnehmung so aus:

    Sinne/Sinnesorgane = Wahrnehmung (der objektiven Realität).

Während DESCARTES noch bemüht war, den naiv-kindlichen Glauben an die Wirklichkeit der Außenwelt zu erschüttern und den Glauben an angeborene Ideen zu verfestigen, so versuchte LOCKE, unseren Glauben an die objektive Realität durch **„Empirie"** zu untermauern. Mit der LOCKEschen Um-Interpretation der DESCAR-

TESschen Philosophie nimmt das Axiom von den Sinnesdaten als real-ursprünglichem Material der Wahrnehmung ihren Anfang.

Das **Ich** DESCARTES' kann auch ohne Empfindung auskommen; sie sind lediglich Zutat zum Intellekt – bei LOCKE sind Empfindungen der Beginn des Wissens.

Der Konstruktivismus forscht heute primär nach dem **Wie** und nicht so sehr nach dem **Was** der Wahrnehmung: das **Was** ist das **Haben**, das **Wie** ist das **Sein**. **Wie** empfinde ich **was**, **wie** nehme ich **was** wahr?! „**Was** wir wissen, gilt im allgemeinen für das Ergebnis unserer Erforschung der Wirklichkeit. **Wie** wir wissen, ist ein bereits viel schwierigeres Problem. Um es zu erforschen, muß der Verstand aus sich heraustreten und sich selbst sozusagen bei der Arbeit beobachten. Hier haben wir es also nicht mehr mit scheinbaren Tatsachen zu tun, die unabhängig von uns in der Außenwelt bestehen... ." (WATZLAWICK, 1985, S. 9)

Oder, mit Woody ALLENs Worten ausgedrückt: „Cloquet haßte die Wirklichkeit, aber er sah ein, daß es nach wie vor die einzige Gegend war, wo man ein richtiges Steak kriegen konnte." (Side Effects, 1980)

Über DESCARTES, LOCKE und HUME läßt sich auch die Bildung eines psychologischen Zeitbegriffes zurückverfolgen. Für die **Zeit-Empfindung** gibt es in der neurophysiologischen Wahrnehmungsforschung kein separates Sinnesorgan, die psychophysiologische Zeit scheint durch aufeinanderfolgende getrennte Perzeptionen und durch physiologische „Rhythmusgeber" zu entstehen.

Das Erlebnis von Zeit verlangt unterscheidbare perzeptive Eindrücke (z.B. Vergangenheit-Gegenwart) und zukunftsgerichtete geistige Antizipation von Zeit (oder besser gesagt, Ereignissen in der Zeit).

Auch für den Raum-Eindruck gibt es keinen explizit-separaten-physiologischen Sinn, sondern er resultiert aus intrapsychophysiologischer Körper-Raum-Empfindung – die nach außen transferiert wird – und visuell-akustischen „Außen"-Eindrücken.

Für die physiologische Forschung gibt es getrennte (getrennt meßbare) Eindrücke; allerdings bleibt dieser Ausrichtung die Erkenntnis des inneren Zusammenhangs dadurch verborgen.

Auch die Pawlowsche Lehre von den bedingten Reflexen (Reflexe hatte Descartes in die Diskussion eingebracht) entpuppt sich als Ableger der Descartesschen Philosophie, aber immerhin hat er einen entscheidenden Beitrag zur Senso-Motorik geleistet. Pawlow geht davon aus – eine Annahme, die die Neue Physik revidiert hat –, daß es so etwas wie eine objektive Beobachtung geben kann, daß aus den Versuchsresultaten zwangsläufig eine Theorie entsteht – die Neuen Wissenschaften gehen eher von der umgekehrten Annahme aus, d.h., die Theorie (besser die Axiome oder das Paradigma) bestimmen die Versuchsergebnisse.

Und drittens, daß jede bestätigende Wiederholung des Versuchs ein Beweis für die Richtigkeit der vorausgegangenen Versuche und damit auch der Theorie sei. (vgl. Grohnfeldt, 1979)

Pawlow hat das zeitliche Kontinuum zerlegt in ein zeitlich-kausales Vorher-Nachher (Pawlows Versuche haben ergeben, daß der Reiz des bedingten dem des unbedingten Reflexes vorausgehen muß) und ist daher cartesianisch-atomistisch-mechanistisch.

Die neuro-physiologische Erforschung stützt sich auf Axiome aus anderen Bereichen und macht sie sich zu eigen, ohne zu reflektieren. Bei vielen Forschungsbereichen – und auch Anwendungsbereichen – ist diese Herangehensweise legitimer als bei einem Zweig, der grundlegende Schlußfolgerungen der Natur, der Realität und des Menschen zieht.

Der Fachmann/die Fachfrau kann nicht jedesmal bis an den Anfang ihres Gebietes zurückgehen; nicht jedesmal, aber am Anfang sollte er/sie es, dann, wenn es jemand unternimmt, von der Physiologie der Wahrnehmung ausgehend Leben, Verhalten, Bewußtsein, ja Mensch-Sein zu erklären/erleben/ beurteilen/diagnostizieren/therapieren, dann muß er/sie bis an die Anfänge seines/ihres Bewußt-Seins zurückgehen und sich fragen, welche Art von Bewußt-Sein seine/ihre Internalisierungsprozesse (das „Abfahren" auf bestimmte Theorien) z.B. ihr/sein Menschen-Bild, seine/ihre Vorstellung vom Sinn des Lebens determiniert.

Unsere Schul- und Uni-Weisheit hat meistens affirmativen Charakter, wir machen uns die Problematik der unserer Wahrnehmung zugrunde liegenden Bewußt-Seins-Struktur nicht be-wußt.

So arbeitete PAWLOW z.B. mit Grundbegriffen einer Physik, die als naiv-primitiv gelten dürften und machte auf dieser Grundlage seine Forschungsergebnisse zu universellen Kategorien der objektiven Physiologie.

Leider hat sich auf diesem Forschungsgebiet bis heute auf der breiten Ebene nicht allzuviel verändert. Die Erkenntnisse der Quantentheorie werden auch heute noch weitgehend ignoriert. „Unsere gesamte heutige Welt ist von der Quantenphysik geprägt, unsere gesamte Technologie läßt sich daraus ableiten. Nur philosophisch ist ihre Grundentdeckung nicht aufgenommen worden. Die Zukunft ist offen. Wir aber leben weiterhin in der deterministischen kausalen Welt und nützen diese Offenheit nicht, wir wagen uns nicht in diese Freiheit hinaus." (DÜRR in GERKEN, 1991, S. 15).

Die Theorie (transportiert vorwiegend durch und über Sprache) läßt uns die Welt s e h e n . PAWLOW steht damit – leider nur beinahe – am Ende einer Entwicklung des cartesianischen Menschen-/Weltbildes und nicht am Anfang einer objektiven Physiologie und Wahrnehmungspsychologie, die natürlich nie „objektiv" sein kann.

Den subjektiven Faktor haben gerade die neuen Entwicklungen in der Physik, Biologie, Psychologie wieder in die Diskussion gebracht: Die Renaissance des Bewußtseins ist unaufhaltsam (GÖDEL).

Für PAWLOW war es noch – explizit – eine Umkehrung der tatsächlichen Verhältnisse, die Physiologie des Hirns von der Psychologie abhängig zu machen; dabei ist seine Forschung und Theoriebildung von naiv-unreflektierten, erkenntnistheoretischen, metaphysischen Spekulationen durchsetzt. Und trotz des Pathos und der Platitüden, dem materialistischen Meta-Physiker PAWLOW gilt unser Respekt.

Da nach PAWLOW's Ansicht das Psychische irgendwann als Mechanismus des Körperlichen erklärt werden könne, arbeitet er intensiv an seinen Hundedressurakten.

Psychische Empfindungen sind für ihn komplizierte nervöse physiologische Vorgänge. Der Meta-Physiker PAWLOW wird in Äußerungen wie folgender transparent:

„Sind denn die Bewegung der Pflanze zum Licht und das Suchen der Wahrheit vermittels mathematischer Analyse nicht Erscheinungen, die in ein und dieselbe Reihe gehören?" (PAWLOW, 1926, S. 21).

Trotzdem erfassen seines Erachtens die Physik und die Physiologie das Reale, das Seiende – das Psychische bleibt Schein, solange es sich nicht physikalisch-physiologisch erklären läßt. Auch heute noch meinen viele cartesianisch Orientierte, wenn sie vom „Fühlen" sprechen, die Reizung von Rezeptoren, wenn sie vom „Hören" sprechen, die Stimulation der Cochlea durch verarbeitete Schallwellen und vom „Sehen" das Auftreffen von elektromagnetischen Wellen auf die Augen und die Weiterleitung und Verarbeitung in der Sehrinde des Cortex.

Ist unsere Welt reduzierbar auf eine Unzahl von „bits", ist **Fühlen, Sehen, Hören** etc. als Empfindung nicht bedeutend mehr als die Summe physikalisch-physiologischer Vorgänge? Wo bleibt das Subjektive, das Bewußt-Sein? Gibt es einen Unterschied zwischen außen und innen, zwischen Objekt der Wahrnehmung und Subjekt der Empfindung (der Wahrnehmung)?

Das Subjektive gilt als minderwertig, es ist eben nicht „objektiv" und gilt damit potentiell bei vielen als „spinnert." Dabei ist das Subjektive das einzige, was wir letztlich haben bzw. sind. Wir haben auch nach gut einem Jahrhundert sog. objektiver Sinnes-Forschung keine Ahnung, wie die Wahrnehmung eines anderen Menschen aussieht.

Zwar verständigen wir uns mittels Symbolen über das, was wir wahrnehmen, aber der Konsens trügt. Die objektive Psychologie hat keinen Zugang zum subjektiven Empfinden; sondern zu Lichtschwingungen, Schallwellen, Gas-Molekülen etc.

Die SI spricht von Sensorischer Integration und benennt ihrer Meinung nach primär dafür zuständige Gebiete des Stamm-, Zwischen- und/oder Großhirns.

Wer oder **was** verarbeitet diese ganzen sensorischen Inputs (die es nach Ansicht der Konstruktivisten garnicht gibt)? Die Zellen in der Formatio reticularis, im Thalamus oder in den Lappen der Großhirnrinde?

Passiert diese Sensorische Integration nach biologisch-mechanischen Gesetzen? SI gibt neurophysiologisch-materielle Erklärungen. Für das Bewußtsein des empfindenden Subjekts ist in dieser Theorie in der Tradition DESCARTES, LOCKES, PAWLOWS kein Platz.

Die SI-Theorie beinhaltet die Reduzierung der Empfindung/Wahrnehmungsvorgänge auf physiologisch-mechanische Vorgänge, ausgedrückt in der Sprache der Physik/Medizin dargestellt.

Die Gnosis/Erkenntnis dieser Forschungsergebnisse verlangt in dem sich damit beschäftigenden Subjekt mehr als das Einfallen der elektromagnetischen Wellen der Buchstaben des Buches oder das Eindringen der Schallwellen in Ohr, Schnecke und Hörzentrum.

A-Gnosien zeigen sehr deutlich (siehe auch die Bücher von O. SACKS), daß eine Läsion der zentralen Apperzeptions-"Organe" diese – scheinbare? – Erkenntnis-Unfähigkeit nur linear-materiealistisch-kausal „erklären" können.

Hat die Lokalisationstheorie – zumindest in ihrer Übersimplifikation – ausgedient und setzt sich die holistische Sichtweise (à la PRIBRAM) tatsächlich durch?

„Bei einer Versammlung der Pariser Anthropologen-Gesellschaft im April 1861 zeigt der Chirurg und Neuroanatom Paul BROCA das Gehirn eines Patienten, der bis zum Zeitpunkt seines Todes an schweren Sprachstörungen (wissenschaftliche Bezeichnung Aphasie) gelitten hatte. Bei einer Untersuchung ergab sich in Tan's Gehirn ein teilweise geschädigter Bereich von der Größe eines Hühnereies in der linken Hemisphäre. BROCA argumentierte gegenüber den Mitgliedern der Gesellschaft überzeugend, daß Tan's Sprechprobleme ihre Ursache in diesem Schaden der linken Hemisphäre hatten. 1906 wurde dieses Gehirn nochmals untersucht, diesmal von dem französischen Neurologen Pierre MARIE, der von weitreichenderen Beschädigungen in Tan's Gehirn, als ursprünglich von BROCA berichtet, sprach. Heute müssen auch die redegewandten Vertreter des spiegelbildlichen Gehirns zugeben, daß sich in der linken Hemisphäre Zonen befinden, die mit Sprache und Sprechen 'assoziiert' sind." (RESTAK, 1989, S. 218/19)

Das **Was** der Wahrnehmung zu erforschen impliziert einen **Haben**-Modus, das **Wie** eher einen **Sein**s-Modus. „Das Gehirn ist der Bote des Bewußtseins" sagte schon HIPPOKRATES, der sicherlich über BROCAS und MARIES angeblich objektive Untersuchungsergebnisse geschmunzelt hätte.

Das Bewußtsein hat eine Intention, einen **Sinn**, ein **Ziel** und damit auch die Sinne. **Der Sinn der Sinne liegt** im dahinterliegenden Bewußtsein. Nicht durch die Anatomie und Physiologie des Gehirns wird das Bewußtsein transparent, sondern durch die geistige **Sinn**-Deutung des Wahrgenommenen.

Das, was wir sehen, hören, fühlen, riechen, schmecken, tasten hat seinen **Sinn**, der *h i n t e r* den Erscheinungen/Phänomenen der materiellen Sinnes-Welt liegt.

Das Wissen um Projektionsmechanismen im FREUDschen Sinne und symbolhafte Sinn-Deutung im JUNGschen Sinne und sinn-haft interpretierte systemisch-kybernetische Rückkopplungsschleifen sind im therapeutischen Prozeß mit sog. Wahrnehmungsgestörten wichtiger als atomistisches Detail-Wissen, zumindest wenn es bei dieser Zerlegung des Menschen im Sinne des Maschinen-Menschen-Bildes bleibt und der Mensch als sinn-haft agierendes Gesamtkunstwerk nicht mehr wahrgenommen werden kann.

Das Öffnen der Augen lohnt nicht, wenn der Kopf im Sande steckt. Das sich verlieren in atomistischen Details führt im schlimmsten Falle zur Fachidiotie. „Den Wald vor lauter Bäumen nicht mehr sehen" ist der Spruch aus dem prallen Alltagsleben dazu.

In der SI geht es nicht um die Empfindung des Klienten/Patienten, sondern primär um Beobachtung/Diagnose und Therapie von Leistung/Wahrnehmungsfähigkeit und deren Defizite. In der HSB (Holistischen Sensorischen Balance) geht es um sinn-hafte Interpretation, geht es um das Entwickeln von Bewußt-Sein für Bewußt-Sein, gespiegelt durch Handlung und teilnehmende Beobachtung.

In mathematisch-physikalisch exakten Gleichungen läßt sich das Wesen und Sein eines Lebewesens (Organismus) ebensowenig ausdrücken, wie in der rein materiellen Feststellung, daß die Impulse in der Formatio reticularis zu stark inhibiert würden.

„Bei alledem wird aber niemals das Ganze des lebendigen Seins, niemals das Ganze des Erlebens gefaßt, sondern nur eine Partikularität herausgehoben; bei allen rein physikalischen und chemischen Bestimmungen wird davon abgesehen, daß die untersuchten Körper lebendige Leiber sind. Erst die rückwärts auf diesen Zusammenhang von Körpersein und Leibsein gerichtete Besinnung macht irgendwelche physikalischen und chemischen Daten zu physiologischen. Wer dagegen glaubt, in solchen Daten bereits das Ganze zu erfassen, und daher meint, von jener Beziehung des körperlichen Seins auf das Organische und das Psychische absehen zu dürfen, der verfährt in der Theorie so, wie DSCHINGIS KHAN in der Praxis verfuhr, als er Kriegsgefangene in die Umwallungen seines Lagers lebendig eingraben ließ, Menschenleiber also wie Baumaterial benutzte. DSCHINGIS KHAN hat durch die Tat bewiesen, daß man das kann, er hat aber nicht bewiesen, daß Menschenleiber nur Baumaterial sind." (STRAUS, 1956, S. 54)

Nach Ansicht vieler neuro-physiologisch orientierter Wissenschaftler und „ausführender" Menschen entspricht das Bewußtsein einer gewissen Intensität und Verarbeitungs-Quantität/Qualität der sensorisch-motorischen Erregung.

Die cartesianische Trennung von Geist und Körper hält an. Psychophysischer Parallelismus und psychophysische Wechsellehre stehen deutlich in der Tradition von DESCARTES.

Um die Jahrhundertwende bemerkte der große amerikanische Psychologe William JAMES in „Die Prinzipien der Psychologie":

„Es gibt überhaupt keinen Grund, zu glauben, die Lücke in der Natur zwischen den höchsten Schallwellen und den niedrigsten Hitzewellen sei ein abrupter Abbruch wie der unserer Empfindungen; oder daß der Unterschied zwischen violetten und ultravioletten Strahlen etwas von der objektiven Bedeutung habe, die subjektiv von dem zwischen Licht und Dunkelheit dargestellt wird. Aus dem, was an sich ein undeutliches, umherschwärmendes Kontinuum ist, ohne Richtung und Gewicht, machen unsere Sinne für uns, indem sie diese Bewegung beachten und jene ignorieren, eine Welt voller Kontraste, starker Akzente, abrupter Veränderungen, malerischen Lichts und Schattens."

Und der große zeitgenössische Österreich-Amerikaner Karl PRIBRAM sagt:

„Wahrnehmung geschieht nicht direkt – sie ist eine Konstruktion."

Und I. KANT meinte bekanntlich, daß bestimmte „reine Begriffe" oder „Kategorien" a priori in unseren Gehirnen sind, also **vor** unserer Sinnes-Wahrnehmung. Raum, Zeit, Kausalität und andere Begriffe sind Merkmale des menschlichen Geistes.

Nach KANT hindern unsere angeborenen Denkgesetze die Menschen für immer daran, echte Realität wahrzunehmen – das „Ding oder Sein an sich".

„Das Gehirn nimmt also, kurz gesagt, die Welt in Form von Schablonen, „Kategorien", wahr, die im Prinzip gar nicht so verschieden sind von denen, die diktieren, daß für den Frosch eine dunkle, sich bewegende, konvexe Form eine Fliege sein muß, wie Daniel ROBINSON bemerkt. Wir mögen auf den niederen Frosch in seinem Lilienteich herabschauen, für den das ganze phänomenale Universum eine Anordnung insektenähnlicher Formen ist, doch was würde eine andere Verschaltung aus uns machen? ... unsere Pforten der Wahrnehmung auf einen bestimmten Planeten mit einem bestimmten Gravitationsfeld, einer bestimmten Entfernung von einem bestimmten Stern zugeschnitten.

„Falls diese Welt die **Wirkung**, nicht die Ursache unseres bestimmten Gehirns ist. Vielleicht schuf Bewußtsein das Universum – und nicht umgekehrt." (HOOPER/ TERESI, 1988, S. 397).

Hoimar von DITFURTH bezieht für sich ganz klar Stellung:

„...daß das Gehirn das **Werkzeug** des Denkens ist und nicht seine Ursache. Nicht unser Gehirn hat das Denken 'erfunden', eher ist es umgekehrt. So, wie auch Beine nicht das Gehen erfunden haben und Augen nicht das Licht. ...es fehlt uns, wie der Evolutionstheoretiker sagen würde, eine nächsthöhere 'Meta-Ebene', von der aus allein wir umfassend überblicken könnten, was Psychisches 'ist'." (v. DITFURTH, 1984, S. 15).

Wie sehen Sie die Kausalität?
Was ist Ursache und was ist Wirkung im **Geist/Körper-„Dilemma"**?

„Hätte unser Gehirn eine andere Größe und Form, wie wären dann unsere Religionen? Hätten wir ein einziges Zyklopenauge in der Mitte der Stirn, hätten wir anstatt zweier Hemisphären drei, würden wir mit Echolot navigieren wie Fledermäuse, wären dann unsere Philosophien, Geometrien, Raum, Zeit und Zahl radikal anders?

Vielleicht würden wir eine „Wirkung" vor der „Ursache" erkennen. Vielleicht würden wir, anstatt eine zeitliche Kontinuität zu erleben, in jedem Moment das

Gefühl haben, völlig unterschiedliche Wesen zu sein (so wie Stefen Daedalus in *Ulysses* scherzte, daß er, da alle ihn bildenden Moleküle jetzt anders wären, nicht mehr daran gebunden wäre, das vor sieben Jahren geliehene Geld zurückzuzahlen). Vielleicht würden wir sieben parallele Leben gleichzeitig leben (wie es einige multiple Persönlichkeiten können). Oder vielleicht würde der Raum an uns in gleichbleibender Geschwindigkeit vorbeiströmen wie unsere Uhrzeit, während die Zeit in jeder Richtung durchwandert werden könnte. Die Gehirne mancher Leute sind so verschaltet, daß sie Synästhesie erleben, eine Kreuzschaltung der Sinne, bei der ein Sinn einen anderen anregt. Die üblichste Form von Synästhesie ist die audition colorée oder das farbige Hören, unsterblich gemacht durch den Dichter Arthur RIMBAUD in seinem berühmten Gedicht „Les Voyelles" über die Farbtöne der Vokale. Als der Neurologe Richard CYTOWIC aus Maryland die Gehirne von Synästheten inmitten von audition colorée untersuchte, stellte er fest, daß der Blutstrom im Neurocortex sich verringerte und im limbischen System zunahm. „Die Verarbeitung höherer Informationen im Gehirn schaltet sich während des farbigen Hörens ab", sagte er dem Brain/Mind Bulletin. „Eine ältere, grundlegendere Art, die Welt zu betrachten – mehr säugetier- als sprachbezogen –, übernimmt diese Funktion."

Bei gewissen neurologischen Syndromen treten sogar noch exotischere Realitäten ein. „Ich werde nie eine Gruppe von Patienten mit tiefgehenden Schädigungen der rechten Hemisphäre vergessen...", schreibt der russische Neurologe A.R. LURIA in „The Working Brain". „Sie glaubten fest, in Moskau zu sein und auch in einer anderen Stadt. Sie behaupteten, sie hätten Moskau verlassen und wären in eine andere Stadt gegangen, doch nachdem sie das getan hatten, waren sie noch immer in Moskau, wo eine Operation an ihren Gehirnen vorgenommen worden ist."

Bei bestimmten Gehirnzuständen geht die Zeit langsamer vorüber oder bleibt ganz stehen – wie weiland in Pompeji zum Zeitpunkt der Tragödie. In anderen Zuständen, wie dem postenzephalitischen, beschrieben von dem Neurologen Oliver SACKS in Awakenings, tritt „kinematische Vision" ein. Eine solche Patientin, „Hester", sah die Welt in „drei oder vier Teilbildern je Sekunde", als sie Besuch von ihrem Bruder erhielt. Während sie beobachtete, wie er seine Pfeife anstecken wollte, erschienen einige „Bilder" außerhalb der Reihenfolge, und sie sah, wie die Pfeife angezündet wurde, ehe sie sah, wie die Hand mit dem brennenden Streichholz sich der Pfeife näherte. SACKS bemerkt: „Auf diese Weise – und das ist unglaublich – sah Hester mehrere Bilder zu früh, wie die Pfeife entzündet wurde; sie sah gewissermaßen 'die Zukunft' etwas früher, als sie diese sehen konnte."

Sollten wir einen solchen Vorgang als kuriose Pathologie abtun? Oder können wir Leute wie Hester als neurologische Marco Polos ansehen, die in fernen und jenseitigen Gegenden des Geistes gewesen sind? Immerhin ist unsere gleichmütige Realität mit ihren vertrauten „Kategorien" von Raum, Zeit usw. einfach ein Zustand des Gehirns, den wir zufällig normal nennen." (HOOPER/TERESI, 1988, S. 415 ff)

Jedenfalls beruht die mechanistische Art der Erklärung des Menschen auf dem Materialismus.

„Es ist ganz typisch, daß Lehrbücher die grundlegenden Unterschiede zwischen Sinnesbewußtheit selbst und der dazu notwendigen Physiologie einfach verwischen. Sie erwecken den Eindruck, Beschreibungen der Strukturen und der physikalisch-chemischen Erscheinungen genügten, um die Sinneswahrnehmung als solche zu erklären. Der Molekularbiologe Gunter STENT beispielsweise meint jedoch, daß „...die physiologischen Untersuchungen das zentrale Problem der visuellen Wahrnehmung völlig unberührt ließen ... . Egal, wie tief wir in die Geschehnisse des Sehens eindringen, am Ende müssen wir einen „inneren Menschen" fordern, der das Geschehene in etwas Wahrgenommenes umwandelt." Die sinnlichen Qualitäten, die ein Mensch wahrnimmt, treten im Gehirn nie als solche auf. Das Gehirn ist in völliges Schweigen eingehüllt, selbst wenn der betreffende Mensch das ohrenbetäubende Pfeifen eines Düsenantriebs vernimmt. In ähnlicher Weise ist das vom Schädel umgebene Gehirn völlig in Dunkelheit gehüllt, selbst wenn der Mensch im grellsten Sonnenlicht steht. Unser Gehirn wird auch nicht kälter, wenn wir Schnee anfassen, und auch nicht härter, wenn wir Eisen berühren. Das Gehirn ist chemisch und physikalisch von den Gerüchen, Geräuschen, Temperaturen, Farben, vom Geschmack und von der Beschaffenheit der Dinge, die außerhalb des Schädels existieren, völlig *isoliert*. Nicht ein einziges Zuckermolekül der Praline in unserem Mund gelangt von den Geschmackspapillen in die Hirnrinde – und dennoch nehmen wir die Süßigkeit des Zuckers deutlich wahr. Das Gehirngewebe selbst nimmt nichts von der Säure einer Zitrone, die wir kosten, und nichts vom scharfen Geruch eines Stinktiers auf.

Untersuchungen zur Struktur ergründen das Geheimnis der Sinnesempfindungen nicht, sondern vertiefen es ... . Mit Ausnahme von Nervenimpulsen geht nichts von den Sinnesorganen in das Gehirn über. Wenn wir uns auf das Format einer Nervenzelle verkleinern könnten, was würden wir dann im Gehirn sehen? Ein Fremdenführer würde uns dann auf die verwickelten chemischen Vorgänge an den Synapsen aufmerksam machen. Sie ermöglichen die Übertragung eines Nervenimpulses von einem Neuron auf das andere. Wir könnten den Transport von Elektronen, Wechselwirkungen zwischen Ionen und die hektische chemische Aktivität von Enzymen in jeder Zelle sehen. Doch nirgendwo könnten wir den Burgunderwein sehen oder schmecken, den der Besitzer des Gehirns gerade trinkt, selbst wenn uns der Führer auf eine bestimmte Reihe elektrischer Impulse hinwiese, die mit diesen Empfindungen in Zusammenhang stehen ... . Auf jeder Ebene begegnen wir nur den physikalischen Korrelaten von Empfindungen und Emotionen, niemals den Erfahrungen selbst ... . Aus diesen Gründen erklärt der Neurologe Sir John Eccles: „Bewußte Empfindungen ... unterscheiden sich in ihrer Art sehr von allen anderen Vorgängen im Neuronennetzwerk; dennoch stellen die Ereignisse im Neuronennetzwerk eine *n o t w e n d i g e* Vorbedingung für die Empfindung dar." (Augros/Stanciu, 1988, S. 68 ff) (Hervorhebung: G.B.)

Auf keiner Ebene gelingt es der Physik oder der Chemie oder der Physiologie etc., die Sinneswahrnehmungen/Sinnesempfindungen, geistige Tätigkeit oder psychische Befindlichkeit wirklich zu erklären, auch wenn die Rezipienten und leider auch die – therapeutischen – Anwender das kindliche Spiel des „so-tun-als-ob" spielen.

Die Wahrnehmung läßt sich weder auf die materiellen Vorgänge reduzieren, noch geht sie aus ihr im Sinne einer Emergenz hervor – dieses ist jedenfalls die Überzeugung der Neuen Biologen.

Die elektrischen und chemischen Aktivitäten stellen nicht selbst Empfindungen dar, sie machen sie höchstens möglich.

Hutchinson meint dagegen in seinem Buch „Megabrain":

„Stellen wir uns einmal ein riesiges Weizenfeld vor, in dem Millionen einzelner Ähren von machtvollen, ständig wechselnden, in der Richtung unberechenbaren

Winden hin und hergeblasen und durchgeschüttelt werden. Angenommen, wir ständen auf einem Hügel daneben, dann würden wir sehen, wie sich in bestimmten Bereichen alle Ähren nach Norden neigen und wie an anderen Stellen kreisförmige Windböen pulsierende Wirbel von Ähren erzeugen. Das Gehirn ähnelt in gewisser Hinsicht diesem Weizenfeld. Die einzelnen Ähren entsprechen den Neuronen. Die Energiemuster, die wir durch das Feld strömen sehen, entsprechen unseren Gedanken und Wahrnehmungen. Die unberechenbaren Wirbelwinde, die diese Gedanken und Wahrnehmungen verursachen, sind die Energie, die ständig in das Gehirn hinein und in seinem Inneren fließt. Diese Energie ist elektromagnetisch, indem wir einen elektromagnetischen Wind durch unser Gehirn blasen, können wir die neuralen Netze zu bestimmten Mustern formen. Diese Muster sind dann die Gedanken und Wahrnehmungen."

Was war dann mit DESCARTES Hirn-Winden los, als der die Welt in Geist und Materie teilte?

„Die Materie war Res extensa, ein Festkörper, der physischen Raum einnahm, während der Geist (Res cogitans) von den Sinnen nicht erfaßt werden konnte. „Es ist Ironie, daß solch wichtige Probleme in alten Formen eingefroren werden sollten" bemerkt Don WALTER. In einer gewissen Nacht Anfang 1600, erzählt er uns, hatte DESCARTES eine Reihe von Träumen, auf denen er einen großen Teil seiner Philosophie begründete. Bei einer Überprüfung jener zukunftsträchtigen Träume, drei Jahrhunderte später, kam ein Psychoanalytiker namens B.D. LEWIN zu dem Schluß, daß DESCARTES tatsächlich einen nicht erkannten epileptischen Anfall hatte und daß die Trennung zwischen seinem denkenden Ich und dem erweiterten Ich eine Traumlösung für seine Empfindungen wegen des Verlustes der körperlichen Kontrolle war. Welch seltsame Ironie – wenn die klassische Formulierung des Geist-Körper-Problems das Ergebnis einer Gehirnpathologie wäre!

Manche Philosophen vergleichen Gehirn/Geist mit den winzigen Wellen in der Quantenmechanik. Unter bestimmten Bedingungen verhält das Licht sich wie eine Welle, unter anderen Bedingungen wie ein Teilchen. Ob es nun in einem gegebenen Augenblick Teilchen oder Welle ist, hängt vom Beobachtungswinkel ab. Und so ist es mit dem Geist/Gehirn Vielleicht ist Dualismus, wie Karl PRIBRAM sagt, „das Produkt von begrifflichen Verfahren – nicht von irgendeiner grundlegenden Dualität in der Natur."

„Das Geist-Körper-Problem könnte, kurz gesagt, in den Augen des Betrachters liegen." (HOOPER/TERESI, 1988, S. 448/9)

Und ebenso könnte die Interpretation und Trennung in Traum und Realität des Psychoanalytikers, der sich um die Analyse der DESCARTESschen Träume bemühte, eine Dualität – nämlich zwischen Traum und Realität – beinhalten, die in der begrifflichen Konstruktion liegt.

Nach östlicher Auffassung liegt die Realität des **Seins** jenseits der Sinnes-Welt der Erscheinungen; die Sinne erzählen uns danach eine phantastische Geschichte und Realität ist ein kollektiver „Traum".

Um dieses Reich jenseits der Zweiheit zu betreten, muß man sich von den Sinnen befreien – so heißt es in der *Bhagawadgita*.

„Unser bewußtes Denken trägt alle Charakteristika eines Traumes ... . Das Bild, das es uns von der Welt vermittelt, ist illusorisch. In einem Zustand höheren Bewußtseins wird das Bewußtsein in einer Weise geweckt, die nicht mehr ausschließlich oder haftend ist, es wird aus der Hypnose befreit, in der es sich für gewöhnlich befindet. Wir wollen nicht die Wahrheit erfahren. Wir wollen nicht, daß uns irgend jemand aus unserem Traum erweckt." (VIVEKANADA, 1989)

Sind es „ver-rückte" Menschen, die so etwas formulieren?

„Wenn jemand eine Vision hat, sagt die orthodoxe Wissenschaft: 'Aha, Schizophrenie'. Das geschieht, wenn das Gehirn krank ist. ...wenn eine biblische Gestalt auf der Straße nach Damaskus ein Zusammentreffen mit Gott hat, nun, in Ordnung, das ist halt die Bibel; wenn aber die Wandlung heute auf der Schnellstraße nach Peoria geschieht, werden Proben von Zerebrospinalflüssigkeit – Liquor – angefordert. Wenn mehrere Millionen Amerikaner den Befragern erzählen, sie hätten ein klassisches todesnahes Erlebnis gehabt, sagen die Wissenschaftler: 'Schwere Entpersönlichung.' Veränderte Zustände werden also meistens als Pathologien angesehen. Ist die Welt wirklich nur eine andere Ordnung von Traum, wie die Mystiker sagen? Wenn ja, können Wahrträume uns auf höhere Bewußtseinsstadien führen und uns einen flüchtigen Blick auf das bieten, was wäre, wenn wir vom gewöhnlichen Schlaf erwachen." (HOOPER/TERESI, 1988, S. 337)

Wie dem auch sei, wachen wir wenigstens aus dem Traum/Schlaf auf, daß unsere Sinne uns Realität vermitteln, wie sie ist.

Die Renaissance des Bewußtseins

Jeder grundlegende Bewußtseins-Wandel oder Paradigma-Wechsel hat in der Geschichte der Menschheit auf metaphysischer (oder auch ideologischer) Basis gefußt, auf tiefen inneren Intuitionen, deren rational formulierter Ausdruck sich zu einem neuen Bild des Kosmos (oder auch Chaos) und der Natur des Menschen formte.

Dem polnischen Kanonikus, Rechtsgelehrten und Hobby-Astronomen KOPERNIKUS gefiel das damals geltende Bewußtsein vom Kosmos nicht, die darin implizierte Rolle der Erde bzw. des Menschen in ihm schon gar nicht.

Das sogenannte geozentrische Weltbild besagte simplifiziert, daß sich die Sonne um die Erde dreht und die Erde der Mittelpunkt des Kosmos sei. Nach KOPERNIKUS drehte sich die Erde um die Sonne, eine Vorstellung, die dem damaligen Bewußtsein der Menschen total absurd erschien; ebenso wie uns heute die Modelle der Konstruktivisten.

(Das von KOPERNIKUS eingeleitete heliozentrische Bild wurde von KEPLER wesentlich erweitert und vereinfacht).

Die kopernikanische Wende hinterließ einen tiefen Schock bei den Menschen: Die Erde konnte nicht länger als Inbegriff der Schöpfung betrachtet werden, sie war ein Planet wie alle anderen auch – damit wurde auch das anthropozentrische Bewußtsein bis ins Mark erschüttert.

Die Erkenntnisse KOPERNIKUS' bewirkten etwas, was wir seit KUHN als Paradigma-Wechsel beschreiben: Eine wissenschaftliche Revolution bahnte sich an, der neue

Ansatz war empirisch: Wahr ist das, was sich durch wissenschaftliche Untersuchungen als wahr belegen läßt. Beobachtungen und Experiment bringen danach objektive Daten zutage. Das teleologische Weltbild (das Universum wurde von Gott geschaffen, es lebt und ist von Sinn und Finalität durchdrungen) wurde abgelöst von dem Modell, daß der Schöpfer den Kosmos in Gang gebracht hat, aber alle folgenden Ereignisse basierten auf mechanischen Kräften und Gesetzen. Die Naturgesetze der belebten und unbelebten Natur wurden das Forschungsgebiet der neuen „objektiv-empirischen" Wissenschaften.

Der Hauptunterschied zwischen dem „dunklen" Mittelalter und dem Beginn der Neuzeit war die unterschiedliche Sicht der Realität.

Die Grundannahme, daß Bewußtsein für akzeptierte Axiome änderte sich. Die Sichtweise für Realität/Wirklichkeit änderte sich und damit die grundlegende Art der Wahrnehmung, des Denkens und des Handelns.

Wahr wurde immer mehr, was die Sinne uns vermittelten.

Der Nobelpreisträger Roger SPERRY wurde 1981 mit seinem paradigmatischen Artikel „Wechsel der Prioritäten" einer der Väter (leider fast nur Väter!) des Paradigma-Wechsels wenn er schreibt:

„Die gegenwärtigen Vorstellungen von der Beziehung zwischen Geist und Gehirn stellen einen völligen Bruch mit der althergebrachten materialistischen und behavioristischen Doktrin dar, die jahrzehntelang die Neurowissenschaft beherrschte; statt das Bewußtsein abzulehnen oder zu ignorieren, wird in dieser neuen Interpretation die Vorrangigkeit des inneren Bewußtseins als kausale Realität voll anerkannt."

Revolutionär ist die Anerkennung des Bewußtseins als „kausale Realität".

„In der Geschichte der meisten Wissenschaften gründeten sich wissenschaftliche Forschungen und Theorien stets auf eine sowohl reduktionistische als auch positivistische Metaphysik. Das heißt, daß die Wissenschaftler alle Phänomene anhand elementarer Abläufe zu erklären suchten (Farbe wurde z.B. durch verschiedene Wellenlängen erklärt, Gasdruck durch die Bewegung der Gasmoleküle); real (oder zumindest diskutierbar) ist das, was meßbar ist, also das, was die physiologischen Sinne entweder direkt oder mit Hilfe wissenschaftlicher Instrumente wahrzunehmen imstande sind. Diese einseitige Sichtweise erwies sich für viele Zwecke als äußerst nützlich, insbesondere, um wissenschaftliche Erklärungen von präwissenschaftlichen Interpretationen, wie etwa göttliche Launen oder der Einwirkung göttlicher Gnade, abzugrenzen oder von solchen 'natürlichen Tendenzen', wie dem Bestreben von Körpern, sich dem Zentrum des Universums zu nähern, oder der Abneigung der Natur gegen ein Vakuum." (HARMAN, 1989, S. 27)

Machen wir uns nochmals das bereits vorher Ausgeführte klar: Es geht letztendlich kein Weg daran vorbei, daß die einzige direkt erfahrbare Realität unsere bewußte Wahrnehmung ist – inwieweit sie etwas mit materieller Sinnes-Physiologie zu tun hat, bleibt „Spekulation".

Die seit einigen Jahrzehnten eingeleitete neue wissenschaftstheoretisch-revolutionäre Wende heißt in Analogie zur kopernikanischen Wende vereinfacht:

Das Bewußtsein erschafft (das Phänomen) Materie.
Sinne vermitteln uns einen „naiven Realismus".

Dabei sind Glaubenssätze, Axiome, Paradigmen keineswegs immer bewußt; wir wissen nur nicht, was wir unbewußt glauben, aber es ist sicherlich nicht identisch mit dem, was wir zu glauben glauben.

Glauben Sie, was Sie sehen, oder glauben Sie, daß Sie sehen, was Sie glauben? Wie durch Osmose internalisieren wir durch Erziehung, Bildung, Aus- und Fortbildung die gängigen akzeptierten, angeblich wissenschaftlich abgesicherten Glaubenssätze/Theorien und nehmen die Welt entsprechend wahr.

Vielleicht erinnern Sie sich noch an „realitätsferne" eigene Erlebnisse/Eindrücke/ Empfindungen vor Ihrem 4./5. Geburtstag oder Sie haben noch Gespür/Empathie für die Welt der kleinen Kinder, die Ihnen privat oder beruflich vertraut sind.

(Leider stülpen wir diesen Kindern unsere Sicht der Wahrnehmung/Wahrnehmungsstörungen über.)

Axiome von kleiner Reichweite sind die des täglichen Lebens; Axiome von mittlerer Reichweite sind tiefergehend, wie z.B. der Glaube an abstrakte Dinge (z.B. die

Psyche oder das Unbewußte, oder wahrnehmungsgestörte Kinder); Axiome von großer Reichweite betreffen die Basis-Axiome, die letztendlich die anderen beiden determinieren:

— Ist der Kosmos endlich oder unendlich?

— Gibt es einen **Sinn** des Lebens?

— Gibt es eine geistige Welt?

— Sind Körper und Geist eine Einheit?

— Ist Materie alles?

— Sind Sinneseindrücke wahr?

— Gibt es ein Leben nach dem Tode?

— Gibt es kosmische Gesetze der Evolution/Involution bzw. der Entropie/Negentrophie?

— Hat sich aus materiellem Leben Geist entwickelt?

— War Bewußtsein/Geist vor der Materie da?

— Gibt es einen Gott? Ein höheres Wesen?

— Gibt es Raum und Zeit oder sind sie letztendlich Illusion?

— Vermitteln unsere Sinne Realität?

„Unsere Glaubenssätze sind unsere Art, aus dem Rohmaterial an Erfahrungen etwas Sinnvolles zu machen. Sie können jedoch bei Bedarf eine gemachte Erfahrung verzerren, um die Illusion von Ordnung aufrechtzuerhalten – wie beispielsweise dann, wenn wir ein Ereignis 'vergessen', das nicht 'paßt' ". (HARMAN, 1989, S. 31)

Je geschlossener das Glaubenssystem ist, desto mehr ist es als festgewobenes Netz kognitiver Verteidigungsmechanismus gegen Ängste zu verstehen, das eine verwundbare Psyche schützen soll. Der neue Konstruktivismus ist z.B. wie der alte Solipsismus bedrohlich für unsere Psyche und wird deshalb abgelehnt, lächerlich gemacht, verdrängt, bekämpft, ignoriert oder gar nicht wahrgenommen, da wir (fast) nur wahrnehmen, was wir erwarten und uns als real und wahr suggeriert wurde wie z.B., daß wir uns auf unsere Sinne/Wahrnehmung verlassen können, da sie Realität „wie sie ist", wiedergibt. Kulturanthropologen haben uns gezeigt, daß es andere (kulturell-sozialisierte) Sichtweisen von Wirklichkeit gibt.

Wir glauben allerdings, daß unsere westlich-rational-wissenschaftliche Sozialisation zwangsläufig die beste sei, weil sie die realste aller Realitäten hervorbringt.

Vergessen wir nicht, daß spätestens die übernächste Generation über unsere Realität lachen wird und sich vielleicht in Cyber-Space-Realitäten aufhält. Spätestens DESCARTES war das Credo der Wissenschaft (die immer auch das Welt- und Menschenbild der Gesellschaft und ihre Individuen prägt/formt) ein Glaubensbekenntnis an die Sinne und Sinnes-Wahrnehmung. Die sinnlich-sichtbare Welt wurde das Forschungsobjekt – die metaphysisch-im/materielle Welt blieb den Spinnern, Weltfremden, Psychotikern, Theologen, Philosophen, Antroposophen, Theosophen etc. vorbehalten.

Was nicht über die Sinne zu erfahren war, war nicht wahr. (Für DESCARTES gab es die geistige Welt zweifellos).

Wissenschaftlichkeit hieß „meßbar sein oder machen" oder zumindest indirekt ableitbar/erfahrbar (Psychoanalyse) über Handlung, Verhalten, Träume, Symptome etc. Wir erinnern uns an den Mann aus dem bekannten Witz, der seine im Dunkeln verlorenen Hausschlüssel unter der Laterne sucht, weil es dort hell ist.

Die Vernachlässigung von metaphysisch-finalen-sinnhaften Werten/Aspekten und die Überbetonung der Technologie, des Materiellen hat in unserer Kultur zu einer Leere, Einsamkeit, Wissenschaftsgläubigkeit und Verunsicherung geführt, die Scharlatanen aus dem Umkreis der NEW-AGE-Szene Gelegenheit gibt, sich zu profilieren und den Geldbeutel zu füllen (nach dem Motto: Und noch eine sphärische Kassette).

Subjektive Erfahrung (also wahre Empirie, griechisch=Erfahrung), die ästhetisch-intuitiv-spirituellen (lat. spiritus=Seele, Hauch, Atem, Leben) Charakter hat, wird nach wie vor abqualifiziert, auch wenn es sich um Erfahrungen handelt, die von JESUS, BUDDHA, MEISTER ECKEHART, Hildegard VON BINGEN, GANDHI, VON WEIZSÄCKER berichtet werden.

Das allem zugrunde liegende „Problem" ist die aus der Philosophie wohlbekannte Leib/Seele-Problematik. Den Dualismus (z.B. DESCARTES) haben wir bereits kennengelernt: Es gibt zwei völlig verschiedene Substanzen/Grundstoffe im Kosmos **Materie** (z.B. der Körper des Menschen) und **Geist**. (DESCARTES sah übrigens als mögliches Verbindungsglied/-element zwischen beiden die Zirbeldrüse).

Dann gibt es (in grober Schematisierung) den materialistischen Monismus: **Materie** erschafft **Geist**. Auf einem bestimmten Punkt der materiellen Komplexität entsteht Geist (z.B. bei einem bestimmten Entwicklungsstand im Rahmen der Evolution des menschlichen Gehirns entwickelte sich Bewußtsein/Geist). Und den sogenannten transzendentalen Monismus: **Geist** (als Ur-Prinzip) erschafft (das Phänomen) **Materie**.

Der begonnene Paradigma-Wechsel deutet auf eine Verlagerung der dualistischen Sichtweise über die materialistisch-monistische Betrachtungsweise (z.B. der Evolutionären Erkenntnistheorie) zu einem transzendenten Monismus. Beim materialistischen Monismus wird wenigstens die Existenz des Geistes erkannt, der transzendentale Monismus geht über ihn hinaus – transzendiert ihn.

Der chinesische Taoismus mit seinem bekannten Symbol YIN-YANG wußte um die Transzendenz des scheinbar Dualistischen: Scheinbar Gegensätzliches vereinigt sich auf einer höheren Ebene zu einer Einheit: Scheinbare Widersprüche lösen sich auf in einem Holismus.

Die Einheit offenbart je nach teilnehmender Beobachtung diesen oder jenen Aspekt, wie z.B. der Welle-Teilchen-Dualismus der Korpuskel-Theorie in der Physik. Die Rolle des Geistes/Bewußtseins wird sowohl in der Neuen Physik/Biologie deutlich wie z.B. sehr eindrucksvoll und eindeutig in dem Forschungszweig der Psycho-Neuro-Immunologie. Je mehr die damit befaßten Forscher über die Komplexität des Immunsystems erfahren, um so weniger erscheint eine mechanistische Auffassung denkbar. Der Geist/die Psyche spielt wohl die entscheidende Rolle bei Krankwerdungs-/Gesundungs-Prozessen, die vom Psycho-Neuro-Immun-System „initiiert" werden. Auch das Konzept der morphogenetischen Felder des R. SHELDRAKE operiert mit Modellen/Ideen, die weitab des Materiellen liegen: Danach entstammen Verhaltensmuster einem kumulativ/nicht-materiellen morphogenetischen Feld (letztlich auch keine neue Idee), das auch formbildende Verursachung und räumlich unbegrenzt ist.

Bei der Interpretation neuerer Forschungsergebnisse ist auch eine Rückbesinnung auf TEILHARD DE CHARDIN wertvoll, der in seinem Erklärungsmodell („Der Mensch im Kosmos") den Geist vor dem Gehirn ansetzt und Evolution versteht (falls ich ihn verstanden habe) als Freiheit des Organismus, die richtige Richtung zu wählen.

Evolution und Involution brauchen sich nicht auszuschließen – sie sind die beiden Aspekte der Einheit/Ganzheit.

Ebensowenig müssen sich Entropie und Negentropie ausschließen, wie die moderne Chaos-Forschung und PRIGOGINE demonstrieren und wir sollten uns doch immer im klaren darüber bleiben, daß wir auch auf diese neuen (alten) avantgardistischen Theorien „abfahren" oder sie ablehnen, weil wir so oder so mental programmiert sind (wie es neumodisch heißt).

Denken wir beispielsweise an die Ergebnisse, zu denen die von der Académie Francaise 1772 einberufene Kommission kam, die sich mit den Berichten über von uns heute als Meteoriten bezeichnete Objekte befaßt hatte – also über jene Himmelskörper, die als feuriger Schweif am Himmel auftauchen und dann als verglühte Metallteile und Steine auf der Erde aufschlagen (Antonine LAVOISIER, der „Vater der modernen Chemie", gehörte übrigens auch mit zu dieser Kommission). Die Kommission kam nach langen Beratungen und der Untersuchung von diversem Beweismaterial zu dem gleichen Ergebnis wie vor Beginn der Beratung: „Es gibt keine heißen Steine, die vom Himmel gefallen sind, denn im Himmel gibt es keine Steine, die herunterfallen könnten." Die gängige Interpretation des NEWTONSCHEN Modells des Sonnensystems ließ keinen Raum für die Existenz dieser außerirdischen Objekte. Deshalb mußte es eine andere Erklärung für die berichteten Phänomene geben – optische Täuschungen, vom Blitz erhitzte Steine oder von Wirbelstürmen oder Vulkanausbrüchen in die Luft geschleuderte Steine etc. Das Ansehen der Kommission war groß und ihre Argumente so überzeugend, daß sämtliche Museen in Westeuropa ihre Meteoritenexemplare wegwarfen. Deswegen existieren heute kaum Meteoriten, die vor 1790 gefunden wurden. In neuerer

Zeit wurden die Wissenschaftler, die die häufigen Berichte über unbekannte Flugobjekte (UFO's) ernst nahmen, schikaniert und verlacht. Die Hauptbegründung dafür ist offenbar, daß es innerhalb des gängigen konzeptionellen Rahmens keine Erklärung für diese Phänomene gibt; also darf es die unzähligen UFO-Sichtungen auch nicht gegeben haben; die erstaunlichen Fotos von UFOs müssen alle gefälscht sein und das unterstützende Beweismaterial entstammt irgendeiner Verschwörung mit betrügerischen Absichten" (HARMAN, 1989, S. 75/6).

Ähnlich erging es Forschern, die um die Lösung des Wellen-Partikel-Phänomens des Lichts bemüht waren. „BOHR's Komplementaritätsprinzip brachte schließlich die Lösung der Wellen-Partikel-Kontroverse. Dieses Prinzip besagt in seinem Kern, daß die Wellen- und Partikel-Theorien sich ergänzende Aspekte einer Realität sind, die weder durch die eine noch durch die andere Metapher allein in ihrer Ganzheit erfaßt werden kann. Wir können sowohl die Wellenlänge als auch die Position eines Photons genauestens messen; aber die beiden Quantitäten erscheinen nicht im selben Modell – und ein Versuch, beide gedanklich gleichzeit zu erfassen, führt zu einer paradoxen Situation. Das Prinzip der Unschärferelation besagt nämlich, daß, je genauer unser Wissen über die Wellenlänge ist, desto größer ist unsere Unkenntnis der Position und umgekehrt. Das heißt, was in einem Modell 'real' ist, ist im anderen Modell schwer definierbar, wenn nicht gar trügerisch." (HARMAN, 1989, S. 77) (Man beachte die bestrickende Analogie zu der Beziehung zwischen Bewußtsein und Materie-Energie in diesem Punkt.)

Es liegt also mit dem cartesianischen Modell eine Trennung von Leib und Seele, Physis und Psyche vor, und es wird – meistens implizit, da es bei vielen bis zu der bewußten expliziten Auseinandersetzung der grundlegenden Fragestellung bisher nicht gekommen ist – bestritten, daß es Bewußtsein als eine selbständige Wesenheit/Substanz gibt, die in das physische Geschehen eingreifen kann.

Die Kluft zwischen physisch-physikalisch-physiologischen Daten und psychisch-geistigen Bewußtseins„daten" kann nur dann fruchtbar gemacht und überwunden werden, wenn beide Richtungen sich auf den Grund, die Basis, die Meta-Ebene der erkenntnistheoretisch/intuitiven Frage rückbesinnen. Die Frage der Wahrnehmung über die Basis-Sinne kann nur geklärt werden, wenn die zugrundeliegende und gleichzeitig übergeordnete Meta-Ebene mitbedacht wird: Wie wirken

Physis und Psyche aufeinander? In der Philosophie, Psychologie, Pädagogik (und dringend auch in der Medizin) wird das Wahrnehmen des Wahrnehmbaren zum Problem.

„Eine Psychologie, die vom Beobachten keine Rechenschaften geben kann, deren Prinzipien so beschaffen sind, daß sie ein Verstehen des Wahrnehmens und Mitteilens, der Möglichkeit des Beweisens und Voraussagens nicht nur in vorläufiger Begrenzung, sondern grundsätzlich ausschließen, eine solche Psychologie hätte ihre Aufgabe verfehlt." (STRAUS, 1956, S. 115)

Die Fragestellung ist generell mit den Mitteln der „objektiven Empirie" nicht zu lösen.

Warum hat der GÖDELsche Satz (1931), daß „alle widerspruchsfreien axiomatischen Formulierungen der Zahlentheorie unentscheidbare Aussagen enthalten" eine bis heute anhaltende Verwirrung bzw. Umorientierung ausgelöst? GÖDELS Idee war es, mathematisches Denken zur Erforschung des mathematischen Denkens selbst zu verwenden – er hat also mit seinem Satz die Meta-Ebene erreicht, ebenso wie z.B. WATZLAWICK mit seinen Ausführungen zur „Menschlichen Kommunikation".

Das Problem des Beweises ist eines *d e r* wissenschaftlichen Grundprobleme – wenn nicht gar *d a s* Problem.

„Wie kann man seine Beweismethoden auf der Grundlage eben dieser Beweismethoden rechtfertigen? Es ist, als wollte man sich an den eigenen Haaren aus dem Sumpf ziehen ... . Und schließlich erwies sich die Hoffnung, eine Widerspruchsfreiheit eines Systems ... zu beweisen, als eitel: Wenn ein solcher Beweis unter ausschließlicher Verwendung von innerhalb der P.M. ('Principia Mathematica', G.B.) verwendeten Methoden gefunden werden konnte, dann – und dies ist eine der verblüffendsten Folgen von GÖDELS Arbeit – wäre P.M. selbst widerspruchsvoll." (HOFSTADTER, 1985, S. 26/27)

„Beim Studium formaler Systeme ist die Unterscheidung zwischen der Arbeit *i n n e r h a l b* des Systems und den Aussagen und Beobachtungen *ü b e r* das System äußerst wichtig." (HOFSTADTER, 1985, S. 42)

„Die Möglichkeit der Beobachtung und Beschreibung – so wird behauptet – muß von der Psychologie, genau so wie von der Physik, einfach für gegeben hingenommen werden. Warum? Sie gehört zur unmittelbaren Erfahrung. Unmittelbare Erfahrung, diese Worte klingen, als bezeichneten sie die reine, unverfälschte und darum auch gewisseste Erfahrung. Aber das ist nicht gemeint. Die unmittelbare Erfahrung ist so unmittelbar, daß sie eigentlich gar nicht erfahren werden kann.

Die älteren Psychologen nahmen noch an, heißt es, daß die unmittelbare Erfahrung durch eine Art von innerem Sinn direkt beobachtet und analysiert werden könne. Diese Meinung wird von den objektiven Psychologen nicht geteilt. Die unmittelbare Erfahrung ist, wie man gerne sagt, die Matrix aller Wissenschaften. Sie selbst ist uns nur durch Vermittlung zugänglich, und zwar durch die Physik oder Psychologie ... Der Physiker beobachtet und beschreibt – so scheint es – nicht Vorgänge in der Natur oder in seinem Laboratorium, sondern in seiner unmittelbaren Erfahrung. In diesen Spekulationen erscheint der Wissenschaftler wie eine Deus ex machina. Plötzlich steht er da, um ihn, wie um die 'Mütter' im Faust, kein Raum und keine Zeit. So ins Nichts gestellt, leitet er aus seiner unmittelbaren Erfahrung Atome und Elektronen als physikalische Konstruktionen ab." Der wissenschaftliche Empirismus ist der Auffassung, daß alle Wissenschaften, die Physik eingeschlossen, es mit den selben Vorgängen zu tun haben, nämlich den Erfahrungen oder Wahrnehmungen des Wissenschaftlers selbst." Damit ist eine neue Komplikation eingetreten. Es ist von dem Wissenschaftler die Rede, also von einer empirischen Person, die sich wahrnehmend, beobachtend, beschreibend in der Welt befindet. In ihrem Wahrnehmen entdeckt sie für sich die Welt. Sein Erleben und Wahrnehmen werden jedoch umgedeutet zu Erlebnissen und Wahrnehmungen, die wie eine Art von Dingen in der unmittelbaren Erfahrung vorkommen. Der wahrgenommene Gegenstand und das Wahrnehmen des Gegenstandes sind gleichsam in eins zusammengezogen." (STRAUS, 1956, S. 117)

Der Spin, z.B. der Drehimpuls der subatomaren Teilchen, den die Physiker messen, gibt es eigentlich nicht.

„... aber da dreht sich nichts! Falls Sie das nicht verstehen, machen Sie sich keine Sorgen. Physiker verstehen diese Worte auch nicht. Sie verwenden sie einfach. (Wenn Sie versuchen, sie zu verstehen, werden Sie zu einem Koan.) Der Drehimpuls eines subatomaren Teilchens liegt fest, er ist definiert und bekannt. „Aber man darf sich nicht vorstellen, daß irgend etwas in der Natur der Materie wirklich rotiert" schreibt Max BORN. „Anders ausgedrückt: Der 'Spin' eines subatomaren Teilchens beinhaltet die Vorstellung einer Rotation, ohne daß da irgend etwas existiert, das rotiert." (ZUKAV, 1991, S. 240)

Die Physiker spielen also auch das Als-Ob-Spiel? HOFSTADTER (1991, S. 265ff) unterscheidet in seinem genialen Werk „GÖDEL, ESCHER, BACH – ein endloses geflochtenes Band" den Mechanischen Modus, den Intelligenz Modus und den Un-Modus des ZEN: Zen-Buddhisten haben eine Technik entwickelt, die Koan genannt wird und die, zusammen mit Meditation, Veränderungen unserer Wahrnehmung und unseres Verstehens hervorruft. Ein Koan ist ein Rätsel, das nicht auf gewöhnliche Weise gelöst werden kann, weil es paradox ist. Ein Zen-Koan lautet zum Beispiel: „Wie ist das Geräusch einer Hand, die klatscht?" Zen-Schülern wird gesagt, daß sie unablässig über ein bestimmtes Koan nachdenken sollen, bis sie die Antwort wissen. Es gibt keine einzelne richtige Antwort auf ein Koan. Die Art der Antwort hängt vom psychischen Zustand des Schülers ab. Paradoxa sind in den buddhistischen Schriften üblich. Sie sind die Stellen, wo unser rationaler Verstand gegen seine eigenen Grenzen stößt. Nach der östlichen Philosophie im allgemeinen sind Gegensätze wie gut-schlecht, schön-häßlich, Geburt-Tod usw. „falsche Unterscheidungen". Das eine kann ohne das andere nicht existieren. Sie sind geistige Konstruktionen, die wir erschaffen haben. Diese von uns selbst errichteten und genährten Illusionen sind einzige Ursache von Paradoxa. Den Fesseln der begrifflichen Beschränkungen zu entkommen heißt, eine Hand klatschen zu hören.

Die Physik ist voll von Koans. Eines lautet z.B.: „Stellen Sie sich eine masselose Partikel vor." Ist es Zufall, daß Buddhisten vor tausend Jahren bei der Erforschung der „inneren" Realität und Physiker tausend Jahre später, bei der Erforschung der „äußeren" Realität entdeckten, daß „Verstehen" das Überschreiten der Barriere des Paradoxen einschließt?

Wir nehmen unsere unmittelbare Sinnes-Erfahrung/Wahrnehmung als gegeben hin; dieses ist ein Produkt der sensualistischen Tradition seit LOCKE. (Ist die (Land-)Karte die Realität?)

Wenn wir meinen, auch nur halbwegs objektiv mit unseren Sinnen etwas beobachten zu können, irren wir gründlich.

Der Beobachter ist nicht der Beobachter, sondern gleichzeitig auch der Teilnehmer an einem dialogischen Prozeß, der sich aus Relationen/Beziehungen zusammensetzt. Danach greift der „beobachtende" Mensch konstituierend/determinierend durch seinen Akt der Beobachtung, durch sein Bewußtsein in den Vorgang ein (Konstruktivisten würden so weit gehen und wahrscheinlich sagen: Er erschafft ihn dadurch.) Die Vorstellung, daß das Bewußtsein Materie beeinflußt, ist für einen Physiker eine höchst ungewöhnliche Aussage. In ihrem mechanistischen und empirischen Ansatz strebte die Wissenschaft bislang immer danach, den Geist des Bewußtseins aus allen Formulierungen von Gesetzen der Physik auszutreiben. WIGNERS Vorschlag, daß die Beziehung zwischen Bewußtsein und objektiver Realität wie die Natur der Kausalität noch einmal überprüft werden sollten, ist eine radikale Abweichung von der klassischen Physik. Obwohl WIGNER annimmt, daß zwischen dem Beobachter und dem beobachteten Objekt eine neue Beziehung besteht, bleibt er dabei, daß die Verbindung zwischen Bewußtsein und Realität „nicht ausgeschaltet werden kann". Es gibt immer noch zwei Arten von Realität – die subjektive und die objektive. Der klassische Bereich objektiver Realität wird ganz einfach relativ.

Der Physiker John A. WHEELER glaubt, daß der Begriff „Beobachter" durch den Begriff „Teilnehmer" ersetzt werden sollte. Dieser Austausch würde seiner Meinung nach die radikale neue Rolle, die das Bewußtsein in der Physik spielt, deutlich hervorheben. Anstatt die Existenz einer objektiven Realität zu verleugnen, behauptet er weiterhin, daß sich subjektive und objektive Realität quasi gegenseitig erschaffen. ... der wesentliche Akt ist der Akt der Teilnahme. „Teilnehmer" ist das unbestreitbare neue Konzept, das die Quantenmechanik liefert. Es löscht den Begriff „Beobachter" der klassischen Theorie ab ... . WHEELERS Begriffsvorschlag „Teilnehmer" zeigt die mystische Natur der neuen Physik. Erinnern wir uns an die Behauptung von Sir James JEAN, daß der Geist der Schöpfer und Herrscher über den Bereich der Materie ist. In gleicher Weise behauptet der Physiker Jack SARFATTI in seinem Artikel **„Konsequenzen der Metaphysik in bezug auf psychoenergetische Systeme"**: „Eine Vorstellung von der höchst wichtigen Signifikanz für die Entwicklung psychoenergetischer Systeme besteht darin, daß die Struktur der Materie nicht unabhängig vom Bewußtsein sein kann!" (TALBOT, 1989, S. 39/40).

Schwebt nun das Bewußtsein über allem oder geht es in konkreten Fällen eine Einheit/Verbindung mit Physischem ein?

Konkret: Arbeiten die Zellen, Moleküle, Atome in der Formation reticularis mechanistisch im Sinne einer Faziliation/Inhibition oder weil die Zellen, Moleküle, Atome Bewußtsein haben, zeitweise mit Bewußtsein eine Verbindung eingehen?

„Ein Molekül ist die kleinste Einheit einer chemischen Verbindung, die noch die charakteristischen Eigenschaften dieser Verbindung aufweist... . Alle physischen Dinge bestehen aus Molekülen. Sie sind verantwortlich für alle mechanischen, chemischen und biologischen Phänomene. Von der Geschwindigkeit, mit der sie sich bewegen, hängen Phänomene wie Temperatur und Druck ab und ob eine Substanz flüssig, gasförmig oder fest ist. Die Moleküle sind die kleinsten Einheiten der Materie, die auf die fünf Sinne wirken. Sämtlicher körperlicher Erfahrung in der physischen Welt wird man gewahr durch Sehen, Hören, Fühlen, Schmekken, Riechen von Materie auf molekularer Ebene. Sinneswahrnehmung entsteht, wenn die hochorganisierten Moleküle des Körpers zusammenwirken mit den Molekülen in der Umgebung des Körpers ... . Das physikalische Universum besteht aus vielen Millionen chemischer Verbindungen, die wiederum aus vielen Millionen Molekülen bestehen, die aus etwas mehr als hundert verschiedenen Atomen (den Elementen) gebildet werden, die aber wiederum aus drei Dingen bestehen. Atome setzen sich zusammen aus Elektronen, Protonen und Neutronen. Die Hauptkomponente des Atoms jedoch ist Raum. Um eine Idee von der Struktur des Atoms zu erhalten, stellen wir uns vor, daß wir in einem riesigen Fußballstadion stehen. Elektronen, die die Größe von Murmeln haben, kreisen auf den oberen Rängen des Stadions um uns herum. Der Kern des Atoms befindet sich im Mittelpunkt des Fußballfeldes. Die Neutronen und Protonen, die den Kern und den Hauptteil des Gewichtes des Atoms ausmachen, sind ebenfalls in der Größenordnung von Murmeln. Wir sehen also, daß das Atom, der Hauptbestandteil der Materie, hauptsächlich aus Raum besteht.

Das Bild eines Atoms als eines „Dinges", bestehend aus murmelähnlichen Kugeln, von denen sich einige auf Umlaufbahnen bewegen, ist längst überholt (man benutzt es nur, um bestimmte Aspekte *a n s c h a u l i c h* zu machen). Das Atom wird jetzt als Kraftfeld verstanden, das polare Singularitäten enthält, welche die Tendenz haben, im Rahmen einer Zufallsverteilung an bestimmten Stellen des Feldes aufzutreten. Man kann aber auch sagen, daß jedes Atom das gesamte Universum ausfüllt. Jedes Atom im Universum übt eine Kraft auf jedes andere Atom aus... . Prof. Murrey GELL-MANN und seine Mitarbeiter sagen, es sei möglich, daß alle sub-atomaren Teilchen das Resultat des Zusammenwirkens von drei noch fundamentaleren Teilchen sind, wenn das zur Zeit, da dies geschrieben wird, auch noch eine bloße Hypothese ist. Man nennt diese Partikel Quarks. Es ist möglich, daß die Quarks gar nicht mehr als Teilchen existieren, sondern bloße mathematische Abstraktionen sind. Wenn GELL-MANN recht hat, dann wirken Quarks so zusammen, daß sie das Erscheinen von sub-atomaren Teilchen bewirken, die wiederum in ihrem Zusammenwirken Neutronen, Protonen und Elektronen ergeben, welche die Erscheinungen von Atomen und damit von Molekülen, Megamolekülen, Zellen, Organen und des menschlichen Körpers hervorbringen. Diese Körper sind eifrig damit beschäftigt, in Blasenkammern zu spähen. Was beobachtet da was?

Sollten Quarks wirklich existieren, können wir sie nicht mehr physisch nennen. Auf der Ebene der Quarks haben wir es nicht mehr mit Materie, sondern lediglich mit unseren Gedanken über Materie zu tun. Es gibt nichts Substanzhaftes an einem Quark. Es ist ein Gedanke über Materie und deshalb rein psychologischer Natur. An diesem Punkt schlägt die Objektivität auf sich selbst zurück. Die Grenze zwischen Subjekt und Objekt wird verwischt. Was geschieht, ist, daß eine Form der Materie eine andere Form der Materie analysiert, als ob sie unverbunden wären. Der einzige Unterschied zwischen Beobachter und Beobachtetem ist die Größenordnung." (LOVE, 1987, S. 98ff)

Subatomare sind also keine isolierten Einheiten, sondern lassen sich nur durch ihren Beziehungsaspekt definieren – ist eine Extrapolation* auf größere Einheiten/Systeme wie die eines Menschen sehr gewagt?

---

* *Falls Sie Schwirigkeiten mit der Extrapolation (von der Mikro- bzw. Makro-Ebene auf die Meso-Ebene) haben, lesen Sie bitte:* COMBS/HOLLAND: *Die Magie des Zufalls, 1992 /* BOHM: *Die implizite Ordnung, 1987 /* DE CHARDIN: *Gesammelte Werke, 1965)*

In seinem 1951 erschienen Lehrbuch der Quantentheorie zieht BOHM interessante Vergleiche zwischen Quantenvorgängen und Denkvorgängen, womit er die zwei Jahrzehnte zuvor von James JEANS getroffene berühmte Feststellung noch erweiterte: „Heute besteht ein großes Maß an Übereinstimmung..., daß der Strom unserer Erkenntnisse sich in Richtung einer nicht-mechanischen Wirklichkeit bewegt; das Universum beginnt mehr wie ein großer Gedanke denn wie eine große Maschine auszusehen. ... Indem die moderne Physik die cartesianische Spaltung transzendierte, hat sie nicht nur das klassische Ideal einer objektiven Beschreibung der Natur entwertet, sondern auch den Mythos einer wertfreien Wissenschaft in Frage gestellt.

Die von den Wissenschaftlern in der Natur beobachteten Strukturen sind aufs engste mit den Strukturen des Bewußtseins verbunden, mit ihren Vorstellungen, Gedanken und Werten... . Der Tatbestand, daß alle Eigenschaften der Teilchen von Prinzipien bestimmt werden, daß die grundlegenden Strukturen der materiellen Welt letztlich durch die Art und Weise bestimmt werden, wie wir diese Welt sehen; die beobachteten Strukturen der Materie wären somit Spiegelungen der Strukturen unseres Bewußtseins." (CAPRA, 1884, S. 99ff)

„Die Wirklichkeit um uns herum ist ein andauernder rhythmischer Tanz, und unsere Sinne übersetzen einige seiner Vibrationen in Frequenzstrukturen, die vom Gehirn verarbeitet werden können." (CAPRA, 1984, S. 334/5)

Die Pädagogik und Psychologie, die Psychomotorik und die Ergotherapie etc. hechten oftmals immer noch den Prinzipien des Physikalismus hinterher, die die Physik selbst längst überwunden hat.

Viele Pädagogen/Psychologen glauben im Rahmen ihres „naiven Realismus" das, was sie „wahrnehmen" und diese Naivität kann besonders erschreckende Dimensionen annehmen, wenn es um die Beobachtung/Diagnose von defizitärem-delinquenten Verhalten geht und um die sogenannten objektiven-standardisierten Tests.

Die Wissenschaft wandte sich, mit DESCARTES, LOCKE etc. im Hintergrund, der Beobachtung im Sinne des Beobachteten zu und vergaß weitgehend den Beobachter des Beobachteten.

„In unsere Alltagssprache übersetzt besagt diese Anweisung, daß die Versuchsperson niemals ein Partner des Beobachters sein kann. Vp und VI sprechen keine gemeinsame Sprache... . Der objektive Psychologe kann kaum ernstlich an seine Erkenntnisse glauben. Er redet mit anderen Menschen, er geht auf Kongresse, er hält seinen Zuhörern Vorträge, freut sich über ihren Applaus, ärgert sich über ihren Widerspruch; er hat Familie, Frau und Kinder, die er nicht nach den Regeln seiner Kunst wie Maschinen behandelt. Er hat durch seine Wissenschaft zu seinem eigenen Gebrauch nichts gewonnen. Im Gegenteil, würde er seine eigenen Lehren ernst nehmen, er hätte sich zum vollendeten Autismus verurteilt. ...eine Psychologie, die objektive Beobachtung fordert, und das Beobachten für gegeben hinnehmen will, eine solche Psychologie vermag offenbar nicht den ersten Schritt zu tun, ohne auf verbotenen Grund zu treten... . Die objektive Psychologie fordert eine radikale Reduktion der ursprünglichen Erfahrung. Das ist leichter gesagt als getan. Das paradoxe Verhalten des objektiven Psychologen, der leugnet, was er voraussetzt, unterbindet eine genaue phänomenologische Analyse der Alltagswelt, in der er sich als Forscher bewegt... . Daraus ergeben sich vier eng zusammengehörige Themen:

1. Die Grundregeln, nach denen die objektive Psychologie verfahren muß, sind zu bestimmen.
2. Es ist zu prüfen, ob und wie weit sie bei der Durchführung ihres Programms ihren Grundregeln treu bleibt.
3. Danach ist zu prüfen, ob sich eine solche Verhaltensweise wie das 'Lernen' ... in den starren Rahmen ihrer Erklärungsprinzipien einfügen läßt.
4. Die letzte und wichtigste Aufgabe bleibt es, eine Antwort auf die Frage zu geben: wie weit reicht das Selbst-Verständnis der objektiven Psychologie? Kann sie das Verhalten des Beobachters begreifen?"

(STRAUS, 1956, S. 119/20)

(Spiegelt der physiologisch-blinde Fleck der visuellen Wahrnehmung den erkenntnistheoretischen Fleck der psychischen Wahrnehmung wider?)

Stellen wir uns vor, die Motopädin/Heilpädagogin/Ergotherapeutin etc. Elisabeth MELCHING führt eine Aufgabe aus einem Test für wahrnehmungsgestörte Kinder durch.

„Mit diesem Subtest wird die taktile Wahrnehmung von Form und Raumlage geprüft. Der Testleiter zeichnet verschiedene Formen auf den Handrücken der Testperson. Diese versucht, mit dem Zeigefinger der anderen Hand das gleiche Muster nachzuzeichnen."

Items von Subtests GRA

Testkriterien:

Reliabilität *(Zuverlässigkeit) bedeutet, daß ein Test das, was es zu messen angibt, genau und exakt mißt.*

Validität *(Gültigkeit) bedeutet, daß ein Test auch tatsächlich das mißt, was er zu messen angibt.*

Objektivität *heißt, daß ein Test in seiner Durchführung, Auswertung und Interpretation von der Person des Untersuchers unabhängig ist.*

„Dieser Subtest gibt Aufschluß über die Wahrnehmung taktiler Reize. Die Testperson wird aufgefordert, ihre Fingerspitze auf die Punkte der Hand oder des Unterarms zu legen, die vorher vom Testleiter leicht mit einer Kugelschreiberspitze berührt worden sind. Die Abweichung wird gemessen."

Items von Subtest LTS

Nach: Brand et al.: Integrationsstörung, 1988, S. 91/92

Zwei Gehirne sind an dieser Testdurchführung beteiligt: Das von Frau MELCHING und das vom Kind Jan-Philip (J.P).

Während Frau MELCHING ihr Interesse dem Verhalten des Kindes zuwendet und das Ergebnis – welches ihres Erachtens Rückschlüsse auf das Gehirn bzw. die Arbeitsweise des Gehirns von J.P. zuläßt – dieses Item aufschreibt, sind diese Aktivitäten zunächst als sensomotorische Reaktion auf das Beobachtete aufzufassen.

Von J.P. und seinen Handlungen zur Lösung der Aufgabe gehen Reize aus, die Elisabeth MELCHINGS Reaktionen hervorrufen im Sinne von Aufgabe gelöst/nicht gelöst bzw. wie gelöst.

Diese in Frau MELCHINGS Körper ablaufenden Vorgänge beziehen sich auf das, was Frau MELCHING von J.P. wahrgenommen hat.

Elisabeth MELCHING trägt das Ergebnis in die Unterlagen ein – die Auswertung des Beobachteten – und damit gibt sie ihre Wahrnehmung zu Protokoll. Streng objektiv-wissenschaftlich dürfen wir aber nicht sagen, daß J.P. die Aufgabe gelöst hat oder nicht, sondern müßten feststellen, daß Frau MELCHINGS Gehirn von Lichtwellen gereizt worden ist, die von der Oberfläche eines Organismus (J.P. in diesem Falle) und von anderen Gegenständen in der Umgebung reflektiert wurde.

Das ist so objektiv und sinnlos und damit für allgemein menschliche und speziell therapeutische Belange absurd wie die Aussage: „Das Gehirn denkt, nicht der Mensch."

Sehen heißt, in Relation zu sein, in Beziehung zu einem „DU" zu sein. Sehen ist mehr als das Empfangen und Verarbeiten elektromagnetischer Wellen in der Sehrinde.

Aber selbst eine nicht so enge physikalisch-objektive Interpretation in dem Sinne, daß Frau MELCHING einfach objektiv gesehen habe, wie J.P. die Handlung ausführte, impliziert, daß das Sehen zu reduzieren sei auf eine physikalisch-physiologische Abbildungstheorie:

Die Projektion des Kindes auf die Netzhaut, die Weiterleitung und Verarbeitung von elektromagnetisch-biochemischen Impulsen und eine psycho-physische Wahrnehmung, die isomorph ist mit der peripheren cortikalen Aktivität und der physikalischen Gestalt.

Ebensowenig wie die Landkarte die Landschaft „ist", „ist" unser Eindruck eine Abbildung einer objektiv und unabhängig von uns gegebenen Realität.

„Der Physiker sagt uns, das Licht, von der Straßenkreuzung dort reflektiert, das Auge hier getroffen hat. Licht ist von einem Ort 'A' nach einem anderen Ort 'B' transportiert worden; es ist gewandert, so wie wir selbst die sichtbare Distanz durchwandern müssen. Wenn es uns hier in B trifft, ist es nicht mehr dort in A, von wo es kam. A und B sind räumlich und zeitlich getrennt. Hier und Dort aber, in ihrer Sichtbarkeit, sind zeitlich zusammengebunden. Hier und Dort werden als Relation, als eine einheitliche Beziehung, nicht zusammengesetzt aus einem Hier und vielen Dort erfaßt. Der Physiologe, der weiß, daß die optische Erregung im Auge stattfindet, bemüht sich, vom Hier wieder zum Dort hinzugelangen, er möchte den Ort B nach A zurückverlegen. Physiologisch ist dies aber offenbar nicht möglich, denn das verlangte, daß ein Vorgang an zwei Stellen zugleich stattfinden könnte. Keine physiologische Erklärung kann die physikalische Paradoxie zum Verschwinden bringen, daß *w i r   h i e r* etwas an seiner Stelle *d o r t* sehen. Es gibt Fernsinne aber keine Distanz-Rezeptoren." meint STRAUS (1956, S. 174/5)

Dazu ein Beispiel aus der Astronomie: Am 21.02.1901 entdeckten Astronome im Sternbild Perseus einen „neuen Stern", eine sogenannte Nova: Die Entfernung dieser Nova betrug rund 3000 Lichtjahre; sie war also so weit von dem blauen Planeten Erde entfernt, daß ihr Licht 3000 Jahre braucht, um die Distanz bis zur Erde zurückzulegen. Wie können wir etwas hier auf der Erde wahrnehmen, was „dort" eigentlich schon 3000 Lichtjahre alt ist? Wieso sehen wir den Ausbruch der Nova nach 3000 Lichtjahren als Lichtpunkt. Immerhin hat sich das Licht seither also 3000 Lichtjahre lang ausgedehnt! Sehen wir eine 3000 Lichtjahre alte Rekonstruktion der Geschehnisse?

„Die Antwort legt, wie ich glaube, einen gravierenden Irrtum bloß, der unsere Vorstellung von der Art und Weise, in der wir die Welt erleben, fortwährend verfälscht. Wir erliegen, wenn wir 'die Welt sehen', stets dem vom Augenblick zwingend suggerierten Eindruck, daß wir das Gesehene dort erblicken, wo es sich ereignet – währen die Gesichtswahrnehmung (wie alle anderen Wahrnehmungen auch) in Wirklichkeit *in unserem Kopf* stattfindet! Nur weil wir wie selbstverständlich davon ausgehen, daß wir die Explosion der Nova Persei 'draußen', tief im Kosmos, in 3000 Lichtjahren Entfernung *vor* unseren Augen sehen, können wir darüber verwundert sein, daß wir einen Lichtpunkt sehen, in einem Augenblick, in dem es sich in Wirklichkeit, 'objektiv', längst um eine riesige Lichtwolke von astronomischen Ausmaßen handelt. In Wahrheit spielt sich das, was wir sehen – oder auf andere Weise von der Welt wahrnehmen – in unserer Großhirnrinde ab, im Falle unseres Beispiels in der im Hinterkopfbereich gelegenen 'Sehrinde'. Rätselhaft ist dabei ein ganz anderer, nämlich der gleichsam umgekehrte Sachverhalt: Es ist ein unerklärbares Geheimnis, wie es kommt, daß wir das, was sich in abstrakten (keineswegs mehr bildähnlichen) Nervenimpulsmustern an dieser Stelle unserer Großhirnrinde abspielt, als 'vor unseren Augen', *in einer Außenwelt* gelegene Objekte anschaulich zu sehen vermeinen. Es gebe für dieses Weltall keinen anderen Ort als die menschliche Seele, konstatierte schon im dritten Jahrhundert der griechische Philosoph PLATON. Was in Wahrheit der Erklärung bedürfte (es existiert keine!), ist der Umstand, daß unser Augenschein uns in unserem alltäglichen Welterleben fortwährend das Gegenteil suggeriert." (v. DITFURTH, 1989, S. 244/5)

Was für astronomische – also Makro-Dimensionen – offensichtlich wird, nein offensichtlich zum Nachdenken anregt, hat das für unseren Mesobereich, den der planetaren Existenz der Menschen und damit ihrer Wahrnehmungen einen **Sinn**? Was für die Makro-Ebene gilt, gilt auch für die Mikro-Ebene, die atomare und subatomare Welt – allerdings in anderen Dimensionen. Wir mit unseren Sinnen liegen dazwischen – also im Meso-Bereich. Wir halten weitgehend das, was unsere Sinne suggerieren für ein Abbild – wenn auch in Ausschnitten – für die Realität, bzw. Widerspiegelung der Realität: „Naiver Realismus" heißt das Gespenst, das umgeht, auch bei denen, die sich professionell mit Wahrnehmung und Wahrnehmungsstörungen beschäftigen.

Eine sehr gewagte Extrapolation zur Unschärferelation von HEISENBERG:

„BOHR zufolge gewinnt diese verschwommene nebelhafte Welt des Atoms erst dann konkrete Züge der Wirklichkeit, wenn man darin eine Beobachtung vornimmt. Ohne eine solche ist das Atom geisterhaft; es gewinnt nur Gestalt, wenn man Ausschau nach ihm hält. Man kann selbst entscheiden, was man sieht: Wer nach der Lage sucht, findet ein Atom an einem bestimmten Ort. Wer nach der Bewegung sucht, findet eines mit einer bestimmten Geschwindigkeit, nur beides zugleich kann man nicht haben. Die Wirklichkeit, die durch die Beobachtung scharf ins Blickfeld gerückt ist, läßt sich nicht vom Beobachter und der von ihm getroffenen Wahl des Meßverfahrens ablösen... . Tatsächlich behauptete BOHR, könne man die Welt nicht als aus einzelnen Stückchen zusammengesetzt betrachten. Bis zu einer Messung (Durchführung/Beobachtung des Test-Items in unserem Beispiel, G.B.) müsse man A und B selbst dann als eine einzige Gesamtheit ansehen, wenn sie sich Lichtjahre voneinander getrennt befänden. Das nenne ich eine ganzheitliche Betrachtungsweise!" (DAVIES, 1986, S. 138ff)

Aber so weit wollen wir in diesem Buch doch nicht gehen – es soll nur zur Lektüre von Paul DAVIES „Gott und die moderne Physik" animieren.

Aber doch noch eine kurze Kostprobe zum Schluß dieser Betrachtungen, denn holistisch zu argumentieren ist ein sehr hoher Anspruch, dem man/frau immer nur annäherungsweise/versuchsweise gerecht werden kann.

„Innerhalb der Quantentheorie ist es von zentraler Bedeutung, daß man bei der Beschreibung von der Vorstellung abgeht, die Welt bestehe aus vergleichsweise autonomen Teilchen, die jedes für sich existieren, aber miteinander zusammenwirken. Statt dessen muß jetzt das Hauptgewicht auf eine *ungeteilte Ganzheit* gelegt werden, bei der das beobachtete Instrument nicht von dem getrennt ist, was beobachtet wird." (BOHM, 1985)

„Kurz gesagt ist die Welt keine Ansammlung von zwar getrennt existierenden, aber miteinander verbundenen Dingen, sondern eher ein Netz aus *Beziehungen*. Hier findet sich bei Bohm ein Anklang an Werner HEISENBERG: „Die übliche Trennung der Welt in Subjekt und Objekt, Innenwelt und Außenwelt, Körper und Seele ist nicht mehr angemessen." (DAVIES, 1984, S. 150)

Jede „althergebrachte" Beobachtung bezieht sich auf das Verhältnis von Dingen, die getrennt von uns sind und vor uns erscheinen.

Man könnte so argumentieren, daß die beiden sensomotorischen Systeme von Frau MELCHING und J.P.

a) physikalisch so miteinander verbunden sind, daß sie physikalisch-physiologisch aufeinander wirken;

b) daß sie so miteinander verbunden sind, daß sie psycho-physisch-energetisch aufeinander wirken;

c) daß sie eigentlich gar nicht getrennt sind und nur durch den Akt der Beobachtung so erscheinen.

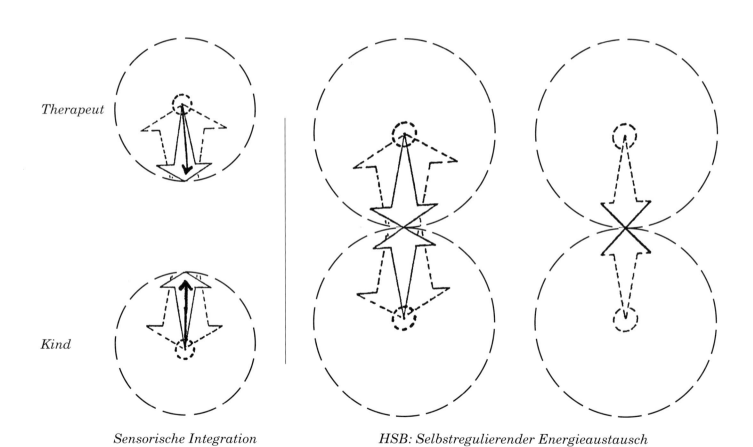

Therapeut

Kind

Sensorische Integration   *HSB: Selbstregulierender Energieaustausch*

„Weil uns im Sehen das *a n d e r e* sichtbar wird, als die eine umfassende Welt, in der wir uns selber finden, dem *a n d e r n* gegenüber, und doch zugleich in unserer Leibhaftigkeit ein Teil der Welt, und im Austausch mit den Dingen, darum können wir den anderen begegnen. Jeder erfährt die Welt in ihm allein zugehörigen Sichten; jedoch die in partikulären, individuellen Sichten sichtbare Welt steht im Wechsel als dieselbe vor mir; in ihr kann ich meine Stelle mit anderen vertauschen. Kommunikation ist keine gerade, unmittelbare *B e z i e h u n g* zwischen zwei Personen, sondern vermittelt durch das *V e r h ä l t n i s* zum *a n d e r e n*, das als dasselbe sich mir und dir zeigt." (STRAUS, 1956, S. 185)

Das Gehirn und damit unsere Sensomotorik erscheinen als Mittler zwischen geistiger und physikalischer Welt, die wir dem Schein nach getrennt wahrnehmen.

Das Sehen wird physiologisch vom Hören unterschieden (wie auch das Hören vom Gleichgewichtssinn) – hier elektromagnetische Schwingungen, die auf das Auge treffen und im Hinterhauptlappen verarbeitet werden und dort die Schallwellen, die auf die Ohren treffen und im Hörzentrum des Cortex verarbeitet werden.

Die Unterscheidung wird psychologisch fortgesetzt. Hören ist etwas anderes als Sehen. Aber was ist mit den Synästhesien: Dem Hören von Farben, dem Sehen von Tönen?

Die Einheit der Sinne zu erfassen erschwert das Gesetz der „spezifischen Sinnesenergie und Sinnesrezeptoren".

Die subjektive Wahrnehmungswelt ist eine andere als die physikalisch-physiologisch zulässige.

„Die Gründe, aus denen wir an der objektiven Verläßlichkeit unserer Weltsicht zweifeln müssen, sind in der Tat so gravierend (die naturwissenschaftliche, evolutionsbiologischen Gründe noch mehr als die klassischen Argumente der philosophischen Erkenntnislehre), daß die heutige Philosophie sich als Quintessenz aller ihrer Erfahrungen zu der Einsicht bequemen mußte, daß die *R e a l i t ä t* der sich in unserer menschlichen Wirklichkeit abbildenden Welt letztlich nur als Hypothese unterstellt werden kann (es könnte ja sein, daß wir sie nur träumen). Die

'Realität' also, an der ein eingefleischter 'Realist' festen Halt zu finden wähnt – und an der er die Plausibilität aller über diese Realität hinausgehenden Aussagen messen zu können glaubt! –, hat selbst nur hypothetischen Charakter.

Die moderne Erkenntnisforschung bezieht angesichts der Frage nach der objektiven Existenz einer realen Außenwelt (bis zu der selbst unsere Erkenntnis ohnehin nicht zu gelangen vermag) folglich die Position eines 'hypothetischen Realismus'. Denn die objektive Existenz einer solchen Welt läßt sich auf keine denkbare Weise verifizieren, wenn es andererseits auch höchst vernünftig ist, von ihr auszugehen, weil für diese Annahme eine Fülle plausibler (nicht: 'beweisender') Gründe ins Feld geführt werden kann." (v. DITFURTH, 1991, S. 384)

Vom „naiven" zum „hypothetischen" Realismus ist ein langer (Bewußtseins-)Weg zurückzulegen.

Die Wahrnehmung von Wahrnehmung und Wahrnehmungsstörungen entsteht aus Theorien, die wiederum „freie" Schöpfungen des menschlichen Geistes sind. Polemisches Nachwort: Wenn „naive Realisten" „Wahrnehmungsstörungen" bei **Schwach-sinnigen** konstatieren, ist die bange Frage zu stellen, ob sich hier (Schub-)**Fach-idioten** (griech.: idiotes = Nichtkenner) zur Diagnose von **Fach-** (Sinne eingeteilt ohne **Sinn** in Fächer/Schubladen)**idiotie** aufschwingen; doch das ist irgendwie entschuldbar: Wir sind alle die Neandertaler der Zukunft. Machen wir uns auf den Weg, die Meta-Ebene zu erhaschen.

„Es ist dem Menschen letztlich nicht möglich, die sog. reale Welt, die Realität als reines Objekt, also unabhängig von sich selbst als dem beobachtenden Subjekt zu erfassen ... . Aus neurobiologischer Sicht weisen MATURANA/VARELA (1987) nach, daß unsere Welt eine Welt ist, die wir in Koexistenz mit anderen hervorbringen, daß sie zwar aufgrund der gemeinsamen biologischen Basis mit der Natur für alle dieselbe ist, daß aber aufgrund der unterschiedlichen Erfahrung des einzelnen Erkennenden die unterschiedlichsten Welten hervorgebracht werden. ...dafür, daß das Nervensystem mit 'Repräsentationen' der umliegenden Welt arbeite, gebe es keinen Nachweis." (SPECK, 1988, S. 69 ff)

Die Menschen versuchen in der Alltags-Welt, aber auch vor allem in der wissenschaftlichen Welt – z.B. durch standardisierte Tests und Beobachtungen – eine gewisse oder exakte Abstimmung bzw. Übereinstimmung ihrer Sicht- und Erkenntnisweisen zu erreichen, die nach den Erkenntnissen der „Neuen Physik und Biologie" eine autopoietische Welt ist.

Autopoiese ist ein Begriff von MATURANA/VARELA, mit dem sie seit Anfang der 70er Jahre arbeiten, um die Organisation lebender Systeme zu erklären, indem jene Organisationsform beschrieben wird, die ein System als eine autonome Einheit konstituiert. In bezug auf Energie und Materie ist ein autopoietisches System auf ständigen Austausch mit der Umwelt angewiesen, also thermo-dynamisch bzw. materiell offen.

Die wichtigste Frage für die HSB ist in jedem Falle die Frage nach dem **Sinn**/der **Sinn-haftigkeit** der **Sinne**.

Wissenschafts-Wahrnehmung ist ebenso wie Alltags-Wahrnehmung eine Wahrnehmungsart, die begrenzt ist durch Schwellen und Brillen der Erkenntnismöglichkeit.

„Wahrheit als 'eine genaue Korrespondenz zwischen unserer Beschreibung und dem Beschriebenen oder zwischen unserem gesamten Netzwerk von Abstraktionen bzw. Deduktionen und irgendeinem vollständigen Verstehen der äußeren Welt' (BATESON, 1984, S. 37) ist nicht erreichbar." (SPECK, 1988, S. 65)

Es zeichnet sich immer deutlicher eine Abkehr vom (natur-)wissenschaftlichen Bild des Menschen und eine Rückkehr zur geisteswissenschaftlichen Orientierung ab (wobei es zu beachten gilt, daß an der „Spitze" der Forschung dieser Dualismus irrelevant geworden ist).

„Die Verabsolutierung des naturwissenschaftlichen Methodenansatzes, womit ganz und gar nicht ausschließlich Medizin und Genetik gemeint sind, sondern auch Wissenschaften wie die Psychologie (Behaviorismus), die nur noch gelten ließen, was beobachtbar, überprüfbar, meßbar und beweisbar erschien." (SPECK, 1988, S. 67)

Zu viel Spezialisierung und Detailwissen verhindert den Blick auf das Ganze und die Erkenntnis des Sinns des Ganzen und seiner Teile.

Ebenfalls ist mit großer Vorsicht die Extrapolation von Mikro-Forschungs-Ergebnissen zu beobachten.

Das Sinnhafte und das Bedeutungstragende des Psycho-Physischen ist das Gebiet, auf dem sich psychologisch-pädagogisch-therapeutisch tätige Menschen spezialisieren sollten.

Die HSB weiß um das Neurophysiologische der Sinnes-Wahrnehmung und fragt nach dem **Sinn** der **Sinn-lichkeit**.

Die Welt/Realität „besteht" (wird entworfen) aus Gesetzen und Dingen/Objekten, vor allem aber aus Beziehungen zwischen diesen. Die „Karte" der Welt (in unserem Kopf) ist nicht die Welt, sie ist eine Autopoiese/"Illusion". Das Wissen um die **Sinn**-Haftigkeit der **Sinne** verlangt ein verändertes Bewußtsein:

>Vom Haben zum **Sein**.

„Alle Entwicklungen des Wissens – von der Naturwissenschaft bis zur Religionsphilosophie, von der Psychologie bis zur Gehirnforschung – weisen in diese Richtung. Die Schwierigkeit ist aber, daß aus dem diskursiven Denken im Gebrauch von Analyse, Synthese und Urteil diese Wandlung nicht zu vollziehen ist; sie verlangt einen anderen Einsatz, ein Wagen des Unbekannten, welches man früher unter dem Begriff der Initiation bestimmt hat; eine andere Ebene des Wissens, welches griechisch Weisheit im Unterschied zu Wissenschaft genannt wurde, und deren System und Methodik die Philosophie, insbesondere die Metaphysik gebildet hat. Metaphysik ist das Wissen hinter dem Wissen... . Das Gesetz der Sinne ist das Gesetz des **Sinnes**... . Daher gilt es, die Sinne in ihre Brückenfunktion zurückzuführen und die falschen akademischen Wissensunterscheidungen wie etwa Physik und Chemie, Biologie und Physiologie, Religion und Wissenschaft zu überwinden, indem man unmittelbar in die Ganzheit des Erlebens eintritt." (KEYSERLING, 1986, S. 10 ff)

„Die Versuchung – nach der Verdrängung der Metaphysik – ist groß, die Antworten für die offenen Fragen (doch) in der bloßen wissenschaftlichen „Objektivität" zu suchen (SPECK, 1988, S. 70)

Der große I. Kant kann auch als Vordenker des kybernetisch-holistischen Ansatzes zitiert werden, wenn er in seiner „Kritik der reinen Vernunft" (1781) schreibt:

„Ich verstehe aber unter einem System die Einheit der mannigfaltigen Erkenntnisse unter einer Idee... . Die Einheit des Zwecks (wir würden **Sinn** formulieren G.B.), worauf sich alle Teile und in der Idee desselben auch untereinander beziehen, macht, daß kein Teil bei der Erkenntnis der übrigen vermißt werden kann und keine zufällige Hinzusetzung oder unbestimmte Größe der Vollkommenheit, die nicht ihr a priori bestimmten Grenzen habe, stattfindet. Das Ganze ist also gegliedert und nicht gehäuft."

Es ist heute nicht mehr möglich, zwischen dem geistigen Subjekt einerseits und der materiellen Objektwelt andererseits zu unterscheiden; diese Unterscheidung ist nicht **sinn-voll** und unwissenschaftlich.

Natur und Erkenntnis/Sinnhaftigkeit der Natur bedingen sich gegenseitig, auf der einen Seite steht nicht die zu erkennende Natur und auf der anderen Seite der sie unabhängig erkennende Mensch.

Auch das Leiden, auch die Störungen und Behinderungen, auch eine sog. Störung der sensorischen Integration hat eine inhaltliche und strukturelle Funktion für das Ganze des Menschen.

Da der Zeit-Geist in Richtung geistes-wissenschaftlicher **Sinn**-Interpretation tendiert, haben die geistes-wissenschaftlichen Methoden wieder „Konjunktur", vor allem, da das cartesianisch-lineare Maschinen-Modell ausgedient hat, da seine Grenzen in Theorie und Praxis die Weiterentwicklung behindern.

Die Frage ist allerdings, ob Hermeneutik, Phänomenologie und Dialektik den Herausforderungen des kybernetisch-systemisch-holistischen Ansatzes gewachsen sind. Die Hermeneutik ist die grundlegende Methode des geistes-wissenschaftlichen Verstehens und sie versucht, die Verbundenheit von Forschungsobjekt und Forschungssubjekt erkenntnistheoretisch einzuholen – eine unschätzbare Qualität auch auf dem Hintergrund der Erkenntnisse der „Neuen Physik" (s. Talbot, Davies, Hawking, Rucker, Charon, Capra) **Sinn-Fragen** und **Fragen** der **Sinne** werden u.E. am besten in ihrer psycho-physischen Ganzheit erfaßt, wahrgenommen, interpretiert, analysiert und synthetisiert.

Wenn wir in der Psycho-Motorik/Motopädie/KG, BT etc. z.B. sensorische Dysfunktionen rein physiologisch erfassen, wahrnehmen, interpretieren und analysieren, werden wir dem Gesamtkunstwerk Mensch nicht gerecht und vernachlässigen sträflich seinen psychisch-geistig-seelischen Anteil, dem wir uns nur **sinn-haft** nähern können.

Der Motorik können wir uns ebenfalls nur als Psycho-Motorik nähern und jede Beobachtung und Testung der Motorik muß erkenntnis-theoretisch die Verwobenheit von „Objekt" und „Subjekt" berücksichtigen; das ist harte Bewußtseins-Arbeit und kein reines **Haben** von Wissen, Daten, Informationen, sondern ein **Seins**-Zustand.

Im Erlebnis der (psycho-motorischen) Beobachtung und Therapie bildet die Subjekt-Objekt-Beziehung als erlebter/konstruierter/autopoietischer Zusammenhang (Korrelation und Synergie) eine Einheit. **Sinn**-hafte Pädagogik, Psychologie, Therapie kann nur beginnen mit der Deskription des Pädagogen/Psychologen/Therapeuten (jeder couleur) in seiner Beziehung zum anderen.

Und dabei hat der andere das Objekthafte zu verlieren, da Menschen offene Systeme sind und jede Trennung letztendlich eine künstliche ist. Dabei ist das Menschenbild des therapeutisch tätigen Menschen von ausschlaggebender Be-Deutung, da dieses alles deutet, selektiert, interpretiert, analysiert und (hoffentlich) auch synthetisiert/synergisiert.

Analyse und die von ihr nicht zu trennende Induktion wirken zusammen mit der Synthesis und der Deduktion und dem Wissen um die Synergie des kybernetisch-holistisch-systemischen Beziehungs-Regel-Kreises.

„Denn alles, worin sich der Geist objektiviert hat, enthält ein dem Ich und dem Du gemeinsames in sich." (DILTHEY) Oder, mit v. WEIZSÄCKERS Worten: „Wenn es überhaupt eine letzte Wirklichkeit gibt, so ist sie Einheit." (1977, S. 185) – Nämlich die Einheit des Geistes.

Auch die Dialektik hilft, den Sprung von der SI zur HSB zu wagen, die Polarität von Psyche und Physis aufzuheben und die biologistisch-cartesianische Sichtweise der SI zu überwinden. Der Dialektik geht es um das In-Beziehung-setzen, um die Beziehung zwischen den Sub-Systemen, wenn wir sie auf die Kybernetik und System-Theorie zu übertragen wagen.

Die physiologisch-biologistische Sichtweise/These auf der einen und die psychisch/psychologische/geistig-seelische Sichtweise/These auf der anderen Seite vereinen sich zu der Synthese der Psycho-Physischen Ganzheit des Menschen, die kein neumodischen Lippenbekenntnis sein darf.

Die Physis spiegelt die Psyche wider (und ist sie „ein Stück weit".) und die Psyche spiegelt sich in der Physis wider bzw. „ist sie".

Die Synthese aus These und Anti-These sollte synergistische Qualität haben.

Die Theorie entscheidet darüber, wie/was wir was/wie wahrnehmen und wie wir das Wahrgenommene interpretieren.

„Wenn drei Leute das selbe Tier sehen, sagen wir, das Tier sei wirklich; was ist, wenn drei dieselbe Idee sehen?" (Rudolf v. BITTER (Rudy RUCKER) in: Infinity and Mind, 1982)

Kuh-Ansichten – Wie sieht die Kuh aus?   *Wie denn nun?*

Zwei Beispiele:

1. Sie bewegt sich; sie bewegt sich nicht – Die künstliche Affenmutter

„Sowohl CLARKE als auch PRESCOTT geben an, ihre Untersuchungen zur menschlichen Bewegung seien durch die berühmten Experimente inspiriert worden, die der Psychologe Harry HARLOW (University of Wisconsin) in den fünfziger Jahren durchführte. Bei diesen Untersuchungen nahm man kleinen Affenkindern die Mutter weg. Einige unter ihnen wuchsen isoliert auf, ohne Gelegenheit, andere Affen zu berühren oder mit ihnen zu spielen. Andere bekamen eine mit Fell oder Stoff bedeckte Ersatzmutter, die an den Fußboden geschraubt war und sich nicht bewegte. Innerhalb von drei Monaten waren diese jungen Affen sehr stark gestört, anscheinend schizophren. Sie saßen in einer Ecke und schaukelten hin und her (so wie es auch manche geistig zurückgebliebenen Kindern tun). Wenn man sie in Kontakt mit anderen Affen brachte, konnten sie keine Beziehung zu ihnen aufnehmen, zu sexuellen Handlungen waren sie nicht fähig. Häufig hatten sie gewalttätige Ausbrüche. Die Studie wurde im allgemeinen dahingehend interpretiert, daß Schizophrenie ein Ergebnis unzureichender Bemutterung sei. HARLOW war anderer Meinung, denn eine Gruppe von Affen, die mit Gleichaltrigen ohne Mutter in einem gemeinsamen Käfig aufwuchsen, entwickelte sich durchaus normal. Die Forscher standen vor einem Rätsel. Was konnte die eigentliche Ursache der geistigen Störungen bei den Affen sein? Offensichtlich war der Schaden durch sensorische Deprivation ausgelöst worden, aber welcher sensorische Input ist wesentlich für die gesunde Entwicklung des Gehirns? Visuelle Reize, Klänge und Geräusche, Berührung? Ein Kollege von HARLOW, Bill MASON, unternahm weitere Versuche. Er zog eine Affengruppe zusammen mit den Müttern auf, eine zweite mit einer Ersatzmutter (einer mit Fell bezogenen fest verankerten Flasche) und eine dritte Gruppe mit derselben Ersatzmutter (also einer fellbedeckten Flasche), in diesem Fall aber mit einem Motor verbunden, der sie hin und her schaukelte. Der Apparat versetzte den kleinen Affen kleine Püffe, und wenn sich die Kleinen daran festklammerten, wurden sie heftig hin und her geschaukelt. Die Ergebnisse waren verblüffend: Die mit der stationären Mutter aufwachsenden Affen entwickelten dieselben Deprivationsschäden wie die in totaler Isolation aufgewachsenen, die mit der beweglichen Ersatzmutter aufwachsenden jedoch entwickelten sich normal. Es war deutlich zu erkennen: Der entscheidende Faktor bei der Entwicklung normaler Gehirne und normaler sozialer Fertigkeiten war BEWEGUNG." (HUTCHISON: *Megabrain*, 1989, S. 250/51)

> *Das berühmte Experiment des Psychologen HARLOW an Rhesus-Äffchen sollte die geringe Bedeutung zwischen Jung- und Muttertier demonstrieren. Dabei aber zeigte sich, daß Rhesus-Äffchen, die während der sensiblen Phase nicht gesäugt wurden, eine schwere Störung im späteren Sexual- und Brutpflegeverhalten zeigten. Bei weiteren Versuchen, in deren Verlauf ein Teil der Versuchstiere aus einem Fläschchen Nahrung erhielten, welches an einer Muttertier-Attrappe befestigt wurde, zeigten sich die so genährten Tiere in ihrem späteren Sozialverhalten sehr viel angepaßter als die Tiere, welche nicht auf diese Weise genährt worden waren. Wiederum sozial angepaßter waren solche Tiere, die eine mit Fell überzogene Mutter-Attrappe hatten. Letztere waren gegenüber ihren Artgenossen merklich aggressiver.*
>
> (SCHRAML: *Einführung in die moderne Entwicklungspsychologie*, 1972, S. 102)

2. Im Baby-Theater: Das Experiment des visuellen Abhangs

„Das Vorhandensein von zwei Augen stellt eine wesentliche Voraussetzung zum räumlichen Sehen dar. Durch den Abstand beider Augen werden nämlich auf die jeweiligen Netzhäute Bilder projiziert, die nicht identisch, sondern leicht gegeneinander verschoben sind. Das Gehirn konstruiert daraus einen Eindruck, den man auch als Tiefensehen zu bezeichnen pflegt. Ist diese besondere Fähigkeit auch schon beim Neugeborenen vorhanden? Besorgte Eltern versuchen mit Hilfe zahlreicher Maßnahmen zu verhindern, daß ihr Kind aus dem Bett, vom Wickeltisch oder eine Treppe hinunterfällt. Gehen Sie davon aus, daß Kinder bis zu einem bestimmten Alter Tiefe nicht wahrnehmen oder meinen sie, daß die Kleinen bei vorhandener Tiefenwahrnehmung noch nicht in der Lage sind, ausreichende motorische Kontrolle über ihren Körper auszuüben? – Erste Aufschlüsse über das Tiefensehen im frühen Lebensalter erhoffte Eleanor GIBSON mit Hilfe einer Apparatur zu gewinnen. Man nennt sie „visuelle Klippe". Der Einfall zur Durchführung ihrer sehr bekannt gewordenen Untersuchung entstand anläßlich eines Ausflugs zum Grand Canyon. Während eines Picknicks blickte GIBSON von einer Felsenkante aus in den Abgrund. Dabei schoß ihr die Frage in den Kopf, ob ein Baby wohl die gefahrvolle Tiefe wahrnehmen oder über den Rand des Plateaus hinauskriechen würde.

In der Mitte der visuellen Klippe befindet sich – quer über eine dicke tragfähige Glasplatte gelegt – ein Brett. Auf der einen flachen Seite ist unmittelbar unterhalb der Glasplatte der schachbrettartig gemusterte Boden. Er wird auch auf der anderen („Abgrund"–)Seite sichtbar; allerdings liegt er dort etwa ein Meter unterhalb der Glasplatte. In GIBSONS Studie wurden die 6 bis 14 Monate alten Kinder auf das Mittelbrett gesetzt. Die jeweilige Mutter hatte sodann die Aufgabe, ihr Kind entweder von der flachen Seite oder von der tiefen Seite aus anzulocken. Würden die jungen Versuchspersonen ihren Rufen folgen? – Fast alle Kinder

„Ein zwölf Monate altes Kind sitzt auf einer Glasplatte. Seine Mutter steht am anderen Ende der Glasplatte, etwas drei Meter entfernt. Neben ihr befindet sich ein schönes Spielzeug-Riesenrad. Direkt unter der Glasplatte liegt ein rot-weiß kariertes Tuch. Die Beleuchtung ist so eingerichtet, daß die Glasplatte nicht sichtbar ist und das Kind das Gefühl hat, das Tuch sei fester Boden. In der Mitte zwischen dem Ende der Platte, an dem das Baby sitzt, und dem Ende, an dem sich die Mutter befindet, fällt das Tuch unter dem Glas steil ab und vermittelt den Eindruck eines Abhangs. (Die Glasplatte selbst, auf der das Baby sitzt, verläuft eben.) Wenn das Kind näher zur Mitte krabbelt, unterwegs zur Mutter und dem Spielzeug, kommt es an den Rand des Abhangs. Es blickt nach unten. Es ist unsicher. Einerseits hat es Angst, die natürliche Furcht vor Höhenunterschieden. Andererseits möchte es zur Mutter und dem schönen Spielzeug gelangen.

Unfähig, seine Ambivalenz und Unsicherheit zu lösen, blickt das Baby in das Gesicht seiner Mutter, um ihre Gefühle bezüglich der Situation festzustellen. Die Baby-Beobachter, die das Experiment durchführten, bezeichnen das als 'soziale Bezugnahme': Wenn das Baby nicht weiß, was es tun soll, wendet es sich an seine Mutter, nimmt ihren Affektzustand auf und übernimmt ihn.

Wenn die Mutter angewiesen wurde, ein ängstliches Gesicht zu machen, überquert das Baby den Abhang nicht; häufig zieht es sich sogar zurück und gerät in Erregung. Wenn die Mutter aber liebevoll lächelt und die Botschaft vermittelt: 'Das machst Du gut, Liebes', krabbelt das Baby über den 'Abhang' auf sie zu."

Experiment von Dr. Mary KLINNERT, Dr. Joseph CAMPOS und Dr. Robert EMDE, University of Colorado, Denver.

krochen zu ihrer Mutter über die flache Seite; sie weigerten sich jedoch – z.T. mit weinendem Protest –, sich über die tiefe Seite zu bewegen. Auf der Grundlage ihrer Beobachtungen schlußfolgerte Gibson, daß die Babys die unterschiedlichen Tiefen wahrnehmen konnten." (MIETZEL, 1989)

> „STERN erzählt mir, das Experiment mit dem visuellen Abhang sei ursprünglich nicht zur Erforschung der Trennung angelegt worden. Ich frage ihn jedoch, ob es nicht zeige, wie Mütter die Trennung fördern können.
>
> 'Absolut', sagt STERN. 'Wenn eine Mutter ihrem Kind zu verstehen gibt, die Welt sei ein gefährlicher Ort, dann wird es in der Nähe seines Zuhauses bleiben.'
>
> 'Und andererseits kann ihm, wenn es Angst hat, ihr Lächeln zeigen, daß seine Befürchtungen imaginär sind?' 'Es liegt an der Mutter, dem Kind zu helfen, Tapferkeit und Neugier zu üben.' " (FRIDAY, 1989, S. 67/69)

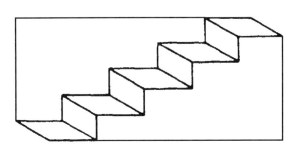

3.

Das Menschenbild und die Beziehungsfähigkeit

„Früher haben wir Reflexe behandelt, heute behandeln wir Kinder."

Karel Bobath

3. Das Menschenbild und die Beziehungsfähigkeit

Das implizierte Menschenbild im Bewußtsein des Menschen determiniert sein Erleben, sein Beobachten, sein Interpretieren, seine Emotionen und auch seine pädagogisch-psychologisch-therapeutischen Interventionen.

Da dieses „Bildnis des Menschen" weitgehend unbewußt unreflektiert ist, hat es weitreichende Implikationen für die Beziehungsebene und auch für die Pragmatik im Rahmen der menschlichen Interaktion.

Hat der/die TherapeutIn ein rigides Bild vom Entwicklungsplan und dem Entwicklungspotential eines Kindes, das an Normtabellen orientiert ist und für jedes Defizit oder jede zeitliche Verzögerung ein „Rezept" (obwohl jeder, auch diejenigen, die unzweifelhaft mit Rezepten arbeiten, dieses weit von sich weisen) im Sinne von Griffen, Methoden, Techniken, Material etc. „auf Lager", wird die Therapie mechanistisch und sichtbar erfolgsorientiert verlaufen. Das Schwergewicht liegt dann auf der quantitativen und qualitativen Verbesserung von Lei-

Willst Du das Land in Ordnung bringen, mußt Du erst die Provinzen in Ordnung bringen.

Willst Du die Provinzen in Ordnung bringen, mußt Du erst die Städte in Ordnung bringen.

> *Willst Du die Städte in Ordnung bringen, mußt Du die Familien in Ordnung bringen.*
>
> *Willst Du die Familien in Ordnung bringen, mußt Du die eigene Familie in Ordnung bringen.*
>
> *Willst Du die eigene Familie in Ordnung bringen, mußt Du **Dich** in Ordnung bringen.*
>
> *Orientalische Weisheit*

stung, immer unter starker Bezugnahme auf das Lebensalter. Je stärker das Entwicklungsalter dem Lebensalter hinterherhinkt, desto größer die Intervention zur quantitativ-qualitativen Verbesserung und Angleichung an die Norm.

Dieses Vorgehen ist im Rahmen der HSB nur sinnvoll, wenn über den **Sinn** der **Sinne** – also über den Sinn der senso-motorisch/psycho-physischen Retardierung im Sinne des Selbstregulierungsmechanismus nachgedacht wird und auch die qualitative Sinn-Frage gestellt wird.

Nicht nur für Theorien wie die SI oder BOBATH/VOJTA, PIAGET oder BETTELHEIM sind Axiome zu entdecken, unbewußte und unreflektierte Axiome. Jede Wahrnehmung und jede Interpretation geschieht auf dem Hintergrund einer Alltags-Theorie, ja diese Alltags-Theorie determiniert sogar die Selektion der Sinnes-Wahrnehmung im perzeptiven und apperzeptiven Sinne. Und dabei enthält jede Wahrnehmung eines Anderen Projektions-Anteile der Wahrnehmung des eigenen Selbst.

Sigmund FREUDS Entwicklungspsychologie ist erwachsen aus der Psycho-Pathologie. FREUD ging von der Hypothese aus, daß Kinder verschiedene psycho-sexuelle Phasen durchlaufen. Seiner Ansicht nach entwickelt sich die Persönlichkeit dadurch, daß Kinder von einer Kindheitsperiode zur folgenden „Methoden" anwenden, die ihre Sexualtriebe befriedigen. Hätten wir nicht FREUD gelesen, würden wir das auf den Vater „eifersüchtige" Verhalten des 3 ½-jährigen (das „eifersüchtige" Verhalten leiten wir von gewissen beobachteten Verhaltensweisen ab) nicht als Ausdruck seiner ödipalen Phase interpretieren und uns würde eventuell das Wort Eifersucht als beschreibendes Wort für die Verhaltensweise des Jungen gar nicht in den **Sinn** kommen.

Wenn wir PIAGET gelesen und evtl. sogar verstanden und internalisiert haben – wobei die Affinität für eine wissenschaftliche Theorie korreliert mit Persönlichkeitsdaten – haben wir wenig Interpretationsmaterial an der Hand, um „Eifersuchtshandlungen" eines 3 ½-jährigen zu analysieren. PIAGET gibt uns das „Rüstzeug" für die kognitiv-logische Entwicklung und die moralische Urteilsfähigkeit des Kindes an die Hand.

B.F. SKINNER ist der wohl bedeutendste Vertreter des radikalen Behaviorismus, der es für wissenschaftlicher hält, nur die beobachteten Fakten, die die Menschen in ihrem Verhalten an den Tag legen, zu untersuchen, als über den menschlichen Verstand und menschliche Gefühle „Vermutungen" anzustellen.

Die Grundlagen des Behaviorismus sind einfach: Jede Handlung hat eine Reaktion zur Folge, die Beschaffenheit der Konsequenz legt fest, ob die Person unter ähnlichen Bedingungen in der Zukunft in gleicher oder ähnlicher Weise reagieren wird. Das Verhalten, das wir entwickeln, hängt von den Folgen der Verhaltensweisen der Vergangenheit ab. Wenn wir uns jetzt einen Fall, die kasuistischen Daten eines Kindes vor Augen halten, werden wir im Rahmen der uns bekannten, von uns favorisierten, uns adäquat erscheinenden Theorie beobachten, analysieren, Tests anwenden oder auch nicht, Testergebnissen glauben oder auch nicht und evtl. am Ende feststellen, daß unsere Professionalität nur eine dünne Patinaschicht ist, die sich auf die unbewußt/unreflektierten Basis-Axiome gelegt hat, die bei jeder Gelegenheit versuchen durchzubrechen.

Die SI von AYRES steht unter dem starken Eindruck des amerikanischen Behaviorismus, jedenfalls bezüglich des Reiz-Reaktions-Schemas und des Black-Box-Modells: Was intra-psychisch im Menschen passiert – Begriffe wie **Geist**/Psyche/Bewußtsein sind weitgehend tabu – ist nicht relevant. Ein gleichgewichtsverunsichertes Kind wird auf der Basis neuro-physiologischer Erkenntnisse behandelt (Reiz) und heraus kommt im Idealfall ein verändertes, „sensorisch integriertes" Kind (Reaktion). Die psychische Seite der physiologischen Vorgänge wird weitestgehend ausgeklammert und der Erfolg ist orientiert am sichtbaren Lern-, Leistungs- und Sozialverhalten.

Sicherlich ist es richtig, daß ein schulisch erfolgreiches Kind in unserer Leistungsgesellschaft eine persönliche Selbstwertsteigerung durch schulischen Erfolg erreichen kann; „schlecht" ist auch an der SI-Theorie nicht die „Entdeckung" der Basis-Sinne und vor allem die Erkenntnis, daß das Gleichgewicht d i e Regulationsebene ist – diese Erkenntnisse sind fast genial zu nennen – „schlecht" ist die Dürre der Theorie und das Außerachtlassen des Beziehungsaspektes (und natürlich eine rigide und evtl. sogar computergesteuerte Therapie).

Wenn Karel BOBATH gegen Ende seines Lebens den Satz formulierte: *„Früher haben wir Reflexe behandelt, heute behandeln wir Kinder."* sollte die SI im erweiterten Sinne der HSB zu der Formulierung gelangen: Früher haben wir sensorische Integrationsdefizite behandelt, heute geben wir dem Kind im Rahmen einer zwischenmenschlichen Interaktion die Möglichkeit zur psycho-physischen Selbst-Regulation.

„Hilf mir, es selbst zu tun!" so formulierte schon Maria MONTESSORI und vergaß dabei leider auch, wie stark zur Selbst-Findung und zur Selbst-Regulation das Ausleben der senso-motorischen Bedürfnisse gehört. Sie erkannte die Einheit von Sinnestätigkeit und Bewegung, die durch Wiederholung Konzentration hervorbringt und dadurch die intellektuellen Kräfte indirekt aktiviert, aber ihre Bewegung war eher die **„Tisch-Sitz-Motorik"**.

Das Sinnesmaterial ist bei MONTESSORI Kristallisationspunkt für die gebündelt auftretenden „geistigen Kräfte": MONTESSORI nennt dies **Polarisation** der Aufmerksamkeit.

*„Das erste Wirkende ist das **Sein** des Erziehers, das zweite, was er tut und das dritte, was er redet."*
Romano Guardini

Die von Maria MONTESSORI bezweckte (und bei vielen Kindern durch das MONTESSORI-Material auch zu erreichende) **Konzentration** ist ein hoher Grad der **Ordnung**, der **Ruhe** und dieser Grad höchster senso-motorisch/psycho-physischer **Balance**/Homöostase ist bei vielen Kindern mit einer Selbstregulierungsproblematik *n i c h t* durch das Hantieren mit MONTESSORI-Material zu erreichen, sondern durch raumgreifende und ausgreifende Ganz-Körper-Motorik.

Sicherlich läßt sich die Gleichgewichtsregulation des Vestibulärapparates bei Kindern auch über Auge-Hand-Spiele/Arbeiten am Tisch erreichen, bei anderen Kindern ist eine stärkere und ganzheitlichere Motorik mit stärkerem psychischem Touch zu bevorzugen.

Wir sind M. MONTESSORI dankbar für Sätze wie den folgenden, da sie den Wissenschaftscharakter der „empirischen Wissenschaft" für die Arbeit mit Kindern in Frage stellen:

„Wir nennen einen Wissenschaftler den Menschen, der empfindet, daß der Versuch die Möglichkeit bietet, die tiefgründigen Wahrheiten des Lebens zu erforschen... . Es existiert also ein 'Geist' des Wissenschaftlers über einem 'Mechanismus' des Wissenschaftlers... . Nun bin ich der Auffassung, daß wir bei den Lehrern (und Therapeuten, G.B.) stärker den Geist als den Mechanismus des Wissenschaftlers schulen müssen." (Montessori, 1969, S. 55)

Ab ca. 1930 verlor für M. Montessori das Material an Relevanz, die Menschwerdung des Kindes trat in den Vordergrund, eine klare Akzentverschiebung vom Mittel der Erziehung zur Zielbestimmung.

In ihrer christlich-religiösen Sprache klingt das so: „Das Geheimnis der Erziehung ist, das Göttliche im Menschen zu erkennen und zu beobachten, d.h., das Göttliche im Menschen zu kennen, zu lieben... . Es sind zwei Dinge zu tun: Erstens eine Kenntnis von Gott und allen Dingen der Religion zu geben. Zweitens die verborgenen Kräfte des Kindes zu erkennen, zu bewundern und ihnen zu dienen." (Montessori, 1969, S. 121)

In der Sprache der HSB können wir uns dem anschließen, wenn auch der Begriff des Göttlichen durch den Begriff des **Geistes/Bewußtseins** und der der Religion durch Philosophie u.E. neutraler und zeitgemäßer dokumentiert wird.

In der Wissenschaft (zumindest in der Wissenschaftstheorie) hat sich, wie bereits dargestellt, ein sogenannter Paradigma-Wechsel angekündigt und beginnt von der Physik ausgehend über Mathematik, Biologie, Chemie, Philosophie auf Psychologie, Pädagogik und Medizin überzugreifen. Die Alltagserfahrungen des Menschen, daß er beim Mediziner bzw. in der Klinik „die Leber" (von Zimmer 312) i s t oder seine, vom HNO-Arzt diagnostizierte Halsentzündung nichts mit seiner Angst vor der bevorstehenden Rede zu tun haben soll, veranlaßte die Menschen zu einem Alltags-Geschimpfe über die „Schulmedizin", kombiniert mit einem Run auf alles „Alternative".

„Die Schulmedizin", die akademische Psychologie und Pädagogik sind auf dem Wege – und der Weg ist bekanntlich das Ziel – sich dem ursprünglich naturwissenschaftlich physikalischen neuen Wissenschafts-Paradigma zu öffnen. Bahnbrechend war das Werk des Physikers F. Capra: „Wendezeit", aber auch die „Neue Biologie" von Maturana und Varela, der Konstruktivismus von H. von Foerster und P. Watzlawick und die sensationellen – die Chaos-Theorie einleitenden – Arbeiten des I. Prigogine. Erwähnt seien auch noch die VÄTER (ja meine Damen, leider (fast) nur Männer) dieser ganzen Entwicklung: EINSTEIN, BOHR, SCHRÖDINGER, BERTALANFFY u.v.a.m.

Von besonderer Relevanz für viele „Neuigkeiten" in der Hirnforschung – und Mitbegründer des holistischen Modells – ist K. PRIBRAM.

Gisela RITTER (Krankengymnastin und Dipl.-Pädagogin) hat in ihrem bemerkenswerten Buch: *„Die zwischenmenschliche Beziehung in der Bewegungsbehandlung"* einen gelungenen Versuch unternommen, den Paradigmen-Wechsel für die pädagogisch-psychologisch-therapeutische Arbeit deutlich und fruchtbar zu machen. Das Kapitel 3.1 ihres Buches: „Zwei gegensätzliche Welt- und Menschenbilder in der geistigen Tradition des Abendlandes" beginnt mit: „Seit Beginn der Neuzeit gibt es im Abendland zwei verschiedene Weltmodelle und daraus abgeleitete Menschenbilder, die sich als 'mechanistisch' und 'organisch' charakterisieren lassen ... Seit DESCARTES, dessen wissenschaftliches Denken jedoch eingebunden blieb in die alles umfassende Weltsicht eines gläubigen Christen – hat die mechanistische Anschauung des Menschen, entnommen der exakten Naturwissenschaft im Geiste NEWTONS, immer mehr an Gewicht bekommen und unser Denken auch in den Geistes- und Sozialwissenschaften stark beeinflußt. Man stellte sich den Menschen, die materielle Welt, ja sogar den Kosmos wie eine Maschine vor, aus elementaren Teilchen bestehend. Indem man sie in ihre Teile zerlegt, lassen sie sich besser erklären und verstehen. DESCARTES glaubte auch an die analytische Methode, mit der sich Gedanken und Probleme in Stücke zerlegen lassen, die dann in ihrer logischen Ordnung aneinander gereiht werden können. 'Diese analytische Denkmethode ist wahrscheinlich DESCARTES größter Beitrag zur Wissenschaft. Sie wurde zu einem wesentlichen Charakteristikum des modernen wissenschaftlichen Denkens.' (CAPRA, 1984, S. 58) Allerdings führte diese analytische Denkmethode zu dem in der Wissenschaft weit verbreiteten Reduktionismus: „Man glaubt, alle Aspekte komplexer Gegebenheiten dann zu verstehen, wenn man sie auf ihre einzelnen Bestandteile reduziert. Diese einseitige und eingeschränkte Sichtweise und Denkmethode wird nach Ansicht CAPRAS der Menschheit immer mehr zur Gefahr. „Unser Denken, unsere Wahrnehmungsweise und unsere Wertvorstellungen müssen sich grundlegend wandeln. Die Anfänge dieses Wandels, weg von der mechanistischen und hin zur ganzheitlichen Beschreibung

„Therapie wirkt nicht wegen, sondern trotz ihrer Methoden, Techniken, Strategien etc. Das agens effektiver 'therapeutischer' Arbeit ist die Kunst, mit dem anderen Menschen zu sein, nicht das so elaborierte Intervenieren."

Loil Neidhöfer

der Wirklichkeit, sind bereits überall sichtbar und werden wohl das gegenwärtige Jahrzehnt beherrschen." (RITTER, 1988, S. 61)

Das Zeitalter des Behaviorismus in seiner strengen, klassischen Ausprägung ist beendet und die Ausläufer dieser auf der DESCARTES'schen Welt- und Menschensicht beruhenden psychischen-pädagogischen-medizinischen Theorien wie bestimmte therapeutische, bewegungstherapeutische, Methoden wandeln sich (s. Zitat und letzte Arbeiten von BOBATH) oder werden verschwinden, da sie nicht zeitgemäß sind, nicht dem Zeitgeist entsprechen. Zeitgeist soll hier nicht im Sinne einer Modeerscheinung verstanden werden, sondern im Sinne einer anthropologisch-phylogenetischen Genese.

Das Zusammentreffen zweier Theorien/Paradigmen ist keine Katastrophe, sondern die Chance, die es zu nutzen und fruchtbar zu machen gilt. Der biologistisch-neurophysiologische Ansatz der SI hat seinen Stellenwert, ist aber im Rahmen des Paradigma-Wechsels revisions- und ergänzungsbedürftig.

Auch CAPRA lehnt keineswegs die mechanistisch-reduktionistische Erkenntnisweise („Brille") ab. „Genauso wie die Physik NEWTONS nach wie vor ihre Berechtigung in Teilbereichen hat, ist auch die mechanistische Sichtweise vom Menschen und der Welt insofern sinnvoll, als lebende Organismen zum Teil wie Maschinen funktionieren (beim Menschen z.B. bestimmte Abläufe von Muskelbewegungen, Gelenksfunktionen, Kreislauf). Das bedeutet jedoch nicht, daß lebende Organismen Maschinen sind." (RITTER, 1988, S. 62)

Sein und Haben gehen ineinander über; das Individuum *h a t* seine Muskeln und *i s t* seine Muskeln.

Synopse

Der Mensch als Maschine

Dem französischen Philosophen DESCARTES (= cartesianisch) zugeschriebene Erkenntnisweise. Das mechanistisch-reduktionistische Modell des Menschen.

Geist? Eine nicht beweisbare, höchstens philosophische-religiöse diskutierbare Variable. Eine Maschine wird gebaut.
Die Maschine ist ein in sich geschlossenes System.
Die Maschine „stirbt" den Entropie-Tod.
Chaos ist schädlich/tödlich.
Das „Programm" steuert.
Das Ganze ist die Summe seiner Teile.
Das Gehirn arbeitet ausschließlich nach dem Lokalisationsprinzip.
Analyse bringt wahre und umfassende Erkenntnis.

Die Welt/das Universum/das Leben besteht aus Grundbausteinen oder Grundsubstanzen.
Ordnung/Struktur/Funktion werden von genetischen Plänen, der Umwelt etc. weitgehend aufgezwungen.
Chaos ist schädlich und zu vermeiden.

Der Mensch als Organismus

Moderne „Väter": PRIGOGINE, PRIBRAM, CAPRA, WIENER u.v.a.m.
Organistische-holistische-systemische Erkenntnisweise.
Ein Organismus wächst.
*Der Mensch ist und hat **Geist***
(Geist = engl. „spirit") / Bewußtsein / Psyche.
Der Mensch ist ein offenes System Der Mensch hat die Möglichkeit der negativen und positiven Rückkopplung und dissipative Strukturen.
Chaos ist Chance. Möglichkeit der Selbstregulation. Das Ganze ist mehr als die Summe seiner Teile. Das Gehirn und der ganze Körper sind letztendlich eine Einheit und arbeiten holistisch. Von der Synthese zur Analyse und wieder zur Synthese (inkl. Sinn-Interpretation), das ist der Weg der holistischen Erkenntnis.

Energie ist die Grundsubstanz; wichtig sind im psychisch-pädagogisch-medizinischen Rahmen eher die systemischen Organisationsprinzipien / Regulierungsmechanismen.
Ordnung / Struktur / Funktion werden vom offenen System selbst hergestellt.
Chaos im Sinne einer Gleichgewichtsstörung beinhaltet den Aspekt einer höheren Ordnung, eines Suchens nach einem Gleichgewichtszustand auf höherem Niveau.

Der Mensch als Maschine

Reiz-Reaktions-Schemata
Reiz-Reaktion als lineares Geschehen
Veränderung durch Reiz-Reaktions-Schemata
SI = BAUM
SI = Sensorisch-motorische Vorgänge
 = Verhalten
Dys-Funktionen sind zu beseitigen.

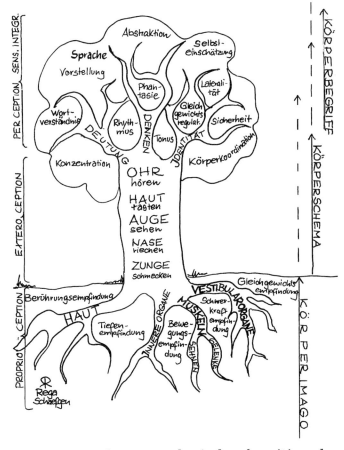

Ungleichgewichtszustände sind zu beseitigende Symptome funktioneller Ursachen.

Der Mensch als Organismus

Selbstorganisation
Kausalitäten (Ursache-Wirkung-Ursache-Wirkung. Die Interpunktion der Ereignisfolgen setzt nach Watzlawick den Anfang) als zirkuläres Geschehen.
HSB = Netz oder Spirale oder Möbius-Band
HSB = Senso-Motorik als holistisch psycho-physisches Geschehen mit kybernetisch-chaotischen Selbstregulations-Tendenzen.

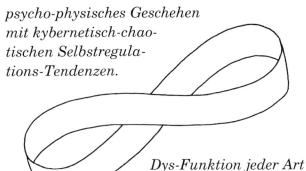

Dys-Funktion jeder Art (Hypo/hyper, Dys ...) ist Ausdruck der Arbeit des Selbstorganisationssystems und adäquat und sinn-voll zu interpretieren und dialogisch zu „therapieren".

Un-Gleichgewichtszustände wechseln sich ab mit Gleichgewichtszuständen und sind ein grundlegendes Organisationsprinzip und die gesunde Regel, da sie Wandel implizieren, z.B. ist der Körper bei jeder Bewegung und besonders beim Laufen in ein Ungleichgewicht zu bringen und auch bei jedem senso-motorischen Vorgang wird das Bisherige durcheinandergewirbelt und muß sich neu „sortieren".

Therapie heißt: Unterstützung bei negativer Rückkopplung und Regulierungshilfe bei positiver Rückkopplung.

Das Sein manifestiert sich in jeder einzelnen Zelle

Der Mensch als Maschine

Lernen = (beobachtbare) Verhaltensänderungen sind in bestimmten Ausmaß vorhersagbar und planbar.
Die Maschine-Mensch funktioniert (oder auch nicht), das liegt weitgehend im Auge des Betrachters.

Senso-Motorik/Perzeption: Reiz-Reaktions-Schema.
Ein Reiz trifft auf das dafür vorgesehene Sinnesorgan, wird im ZNS verarbeitet und kommt als (motorisches) Verhalten aus der Maschine Mensch heraus.

Das Gehirn ist d a s Organ der senso-motorischen Verarbeitung.
Das Gehirn ist das ausschließliche Denkorgan.

Sensorische Vorgänge sind die Energie/die Nahrung des Gehirns.
Der Mensch kann „defekt", behindert sein: geistig, körperlich, seelisch.

Der Mensch als Organismus

Lernen = selbstorganisierender Organismus (System) verändert sich durch intra/inter-psycho-physisches Geschehen, durch Differenzierung und Integration und dem Streben nach Balance.
Das System-Mensch gestaltet sich und seine Umwelt kreativ und aktiv mittels selbstorganisierender Prinzipien.

Psycho-physische Senso-Motorik/Perzeption = Apperzeption.
Perzeption = als primär somatisches Geschehen.
Apperzeption = als primär geistig-bewußtseinsmäßiges Phänomen.
Die Perzeption ist von der Apperzeption nicht zu trennen und der sinn-volle Er-Kenntnis-Prozeß, die Gnosis – ist ein geistig-phänomenologisches Phänomen.

Das Gehirn ist das p r i m ä r e Organ der senso-motorischen psycho-physischen Verarbeitung, aber auch die Hände, die Zehen, der ganze Körper sind/ist „Denkorgan/e", da der Körper letztendlich eine holistische Einheit bildet. „Das Gehirn ist der Bote des Bewußtseins." HIPPOKRATES

Energie ist Lebensenergie. Der somatisch-materiellen Energie liegt eine im-materielle Energie zugrunde.
Der Mensch in seiner holistischen Ganzheit kann in seinen selbstorganisierenden und selbstregulierenden Potenzen be-hindert sein. Es gibt eigentlich keine „geistige" Behinderung: sogenannte

Der Mensch als Maschine

Entwicklung des Kindes ist weitgehend „machbar/manipulierbar/beeinflußbar".
Gnosis und Glück sind nicht Ziel, sondern Ziel ist reibungsloses Funktionieren.

Geist   = Vernunft/Ratio, Verstand, Intellekt/ Kognition
Körper = Soma/Anatomie/Physiologie
Geist   = nicht wissenschaftlich erfaßbar

Der Mensch als Organismus

„geistige Behinderungen" (als Symptominterpretation / eingeschränkte intellektuelle Leistungsfähigkeit) sind damit eher als „Somatisches" zu sehen (z.B. Chromosomenaberrationen, metabolische bzw. endokrine Störungen, Sauerstoffmangel etc.).

Die Entwicklung des Kindes als sich selbstschaffendes, selbstorganisierendes und selbstregulierendes System ist ein – mehr oder weniger „stör-" anfälliges Geschehen im aktiven, schöpferischen Austausch intra- aber auch inter / interagierenden anderen offenen Systemen.
*die Interpretation eines Verhaltens als „Störung" – oder besser als Auffälligkeit, da der Standpunkt des teilnehmenden **Beobachters** hier klarer wird – ist nur in dem Sinne erlaubt, als es sinn-haft und sinn-voll im **Sinne** des selbstregulierenden Organismus betrachtet wird.*

Körper = Soma / Anatomie / Physiologie
Kognition = Soma / Apperzeption / Gnosis / Geist (engl. „mind") / Sprache
Psyche = Emotionen, Antrieb, Motivation, Phantasie etc.
Körper / Kognition / Psyche = Psycho-physisches Gesamtkunstwerk (philosophisch: Leib-Seele-Problematik)
Geist = das Supra-Mentale, „spirit", das Metaphysische, das schöpferische Prinzip, „Gott".

Wir gehen in der HSB von folgenden Grundannahmen aus:

— Daß der Mensch ein sich selbst-schaffendes (Autopoiese), selbst-organisierendes und selbst-regulierendes offenes „System" (auch wenn der Begriff System beim ersten Eindruck so technisch und kalt klingen mag wie der Begriff Maschine) ist.

— Daß reine wissenschaftliche Empirie den Zugang zu den höheren Aspekten des Menschen nicht ermöglichen kann, sondern Empirie im eigentlichen **Sinne** des Wortes (griech. empeiria = Erfahrung) die senso-motorischen Akte „geistig" transzendiert.

— Daß in der Therapie ein Austausch von offenen Systemen (Therapeutin/Kind) stattfindet und der Therapeut die Selbstregulation des Kindes über senso-motorisch/psycho-physische „Kanäle" und Prozesse aktivieren, initiieren, fördern, begleiten soll, nach dem Prinzip: „Heilende Kräfte im kindlichen Spiel" (ZULLIGER) und heilende Kräfte in der dialogischen Kommunikation von zwei offenen Systemen Mensch.

— Daß die System-, Chaos- und Konstruktivismus-Theorien die SI ergänzen, erweitern und bereichern sollten hinsichtlich des neuen Paradigmas und der daraus sich als Versuch formulierenden HSB: Der Mensch als Organismus und nicht als Maschine.

— Daß Gleichgewicht, die Balance, die Äquilibration, fließende Zustände auf der Suche nach einer höheren Ordnung sind.

— Daß **noch**-eine-**Übung** (analog dem Heinz ERHARDTschen „Noch'n Gedicht") nicht am Rezeptcharakter haften bleiben darf (z.B. Übungen 1 – 99 im Falle einer Störung der Halte-, Stell- und Gleichgewichtsreaktion), sondern neben dem senso-motorischen Entwickeln und Funktionieren die selbstregulierende **Sinn**-haftigkeit Beachtung finden muß.

— Daß die Psycho-Physiologie der HSB die mechanistisch-physiologische Sichtweise der Verhaltensänderung durch gnostisch-sinnhaftes Erkenntnisinteresse der Befindlichkeit (z.B. Glück, Zufriedenheit, Spannung, Unlust, Selbstwertsteigerung, Selbst-Bewußtwerdung) ablösen sollte.

Geistig-gnostische Forscher forschen nach dem Sinn, der Bedeutung von sensomotorischen Akten und Be-deutung und Sinn-haftigkeit werden nicht durch sensorische Akte, sondern durch geistiges Forschen, Erfassen, Interpretieren herausgefunden.

Wie sollte der/die, sich mit der Theorie auseinandersetzende TherapeutIn die Bedeutung des Wortes „**Neglect**" erfassen?

Jedenfalls nicht, indem er/sie die Buchstaben **Neglect** analysiert und zu einem Wort synthetisiert. Die Bedeutung, der Sinn, das geistige Datum des Wortes erhellt sich nicht in der Gestalt von sieben Buchstaben-Additionen im Sinne des visuellen Aspektes, der sich auch als visuelle Abdrücke im Kopfe niederschlagen kann. Perzeption reicht nicht aus, um Apperzeption/Gnosis zu schaffen und setzt sie doch – weitgehend – voraus bzw. eine Trennung zwischen ihnen – zwischen primär und sekundär – ist künstlich.

Das geistige Datum **Neglect** ist eine direkte, nicht weiter reduzierbare geistige Gestalt.

Ich erfahre über andere sprachliche Begriffe die Bedeutung, den Sinn des Wortes **Neglect** und dieses unmittelbare Erfassen oder Intuieren, die direkte „geistige Empirie" erfüllt das Wort mit Sinn. So eine Halbseiten-Nicht-Beachtung könnte auch durch ganz andere Symbole transportiert werden. Der sensorisch-motorische Akt des Hörens oder Sehens des Wortes **Neglect** reicht nicht aus, um den Schall- oder Lichtwellen (auditive/visuelle Wahrnehmung) sinnhafte Qualität zu verleihen. Die Psychoanalyse und die HSB sind geistig-gnostisch/empirisch-sinnhaft-phänomenologische, der Behaviorismus und die SI sind „akademisch-wissenschaftliche" Empirie.

Hier nun der geistig-phänomenologische Transport einiger Begriffe, die noch relativ unbekannt sind und in unserer Synopse Maschine/Organismus vorkamen.

Was sind Bedeutung und Sinn von SHAKESPEARES „Hamlet" und Bedeutung und Sinn der „Schwerkraftverunsicherung" oder der „vestibulär-kinästhetischen Inhibition" oder Bedeutung und Sinn von PICASSOS „Guernica"?

Die literarische Figur Hamlet setzt sich nicht aus Atomen, Quarks, Viskose oder Quark zusammen sondern durch geistige Bedeutungseinheiten. (Das Buch über Hamlet besteht natürlich aus Atomen etc.).

Und PICASSOS „Guernica" ist ein Gesamtkunstwerk wie auch jeder Mensch. „Guernica" auf Farbe und Leinwand reduzieren zu wollen oder den Menschen auf Wasser und Knochen etc. (ein Mensch hat einen „Materialwert" von ca. 10,– DM) ist ohne **Sinn** und Verstand. Wie es ohne **Sinn** und Verstand ist, das sensomotorische Verhalten des Menschen auf bio-chemisch-elektrische Vorgänge zu reduzieren.

Wissenschaftlich-akademisch empirische Aussagen erscheinen dann zutreffend, wenn sie überprüfbar sind, Tests müssen valide, reliabel und objektiv sein; geistig-phänomenologische Daten erscheinen zutreffend, wenn sie intra- und inter-subjektiv sinnvoll sind. (Die Psychoanalyse ist von geistig-phänomenologischer Qualität und Sinnhaftigkeit).

Ein Kind erscheint aufgrund der SI-Theorie dyspraktisch, hätte der Therapeut diese Sichtweise/Brille/Ausbildung nicht, würde er sie nicht wahrnehmen, anders interpretieren oder anders benennen.

Ein Theorem ist „richtig" (EINSTEIN würde sagen: „schön"), wenn es dem Konsens der intra- und inter-symbolisch-subjektiven Logik und Erfahrung entspricht und nicht, wenn es sensorisch evident ist (um bei EINSTEIN zu bleiben, die Relativitätstheorie ist auch nicht sensorisch evident).

In der HSB gibt es kein Objekt der Forschung, der Beobachtung, des Therapierens, es gibt nur interagierende Menschen (definiert als offene Systeme), die einen verbalen oder non-verbalen senso-motorisch/psycho-physischen Dialog führen.

Die wissenschaftlich empirisch-analytische Forschung beobachtet „unabhängige Objekte", der geistig-phänomenologische „Forscher" ist sich seiner Verquickung mit dem anderen Subjekt/System bewußt und ist Teilnehmer der Kommunikation/des Dialoges, die nie wertfreie Forschung/Beobachtung/Pädagogik/Therapie sein kann.

Betrachtungsweisen der Sinne/SINNE

Der taktil-kinästhetische Sinn

Der Mensch als Maschine

Informationen von sensorischen Rezeptoren über die Stellung der Gelenke, die Anspannung der Muskeln, Widerstände bei Bewegungen usw. bezeichnen wir als Kinästhetik oder Propriozeption.

Sie dienen dem Stellungssinn, dem Bewegungs- und Kraftsinn. Da diese Rezeptoren Reize aus dem eigenen Körper und nicht aus der Umwelt empfangen, nennt man sie Propriozeptoren (Proprium = das Eigene).

Das **Ich** ist zuallererst ein körperliches **Ich** – bemerkte schon S. FREUD (vgl. BRENNER, 1979, S. 48).

Hierzu gehören auch die Labyrinth-Rezeptoren für den Gleichgewichtssinn und die speziellen Rezeptoren der „Innenwelt" des Organismus wie Rezeptoren für den Blutdruck, den Blutzucker, die Konzentration der Hormone, die inneren Organe (viszeral = die Eingeweide betreffend).

Die äußerste Schicht der Epidermis (Oberhaut) ist ein mehrschichtiger, verhornter Zellverband. Die Lederhaut (Corium) enthält kollagene Faserbündel und elastische Netze.

Der Mensch als psycho-physische Ganzheit

Alle Sinne waren ursprünglich einmal diffuse Haut-Sinne.

Es bestehen enge Zusammenhänge zwischen Haut und Gehirn.

Auf viele mentale Ereignisse reagiert die Haut, die enge Korrelation zwischen Haut und Nervensystem hat anatomische und physiologische Gründe.

Alle Gewebe und Organe des Körpers entwickeln sich aus den drei Zellkeimblättern: Aus dem Entoderm reifen die inneren Organe, das Mesoderm produziert Knochen, Bindegewebe und Skelettmuskeln und aus dem Ektoderm entwickeln sich Haut und Nervensystem.

Haut und Gehirn entstehen aus den gleichen Urzellen.

Nur der Standort der Betrachtung entscheidet darüber, ob die Haut die äußere Oberfläche des Gehirns oder das Gehirn die tiefste Schicht der Haut ist.

Innen und Außen entstehen aus dem gleichen Basisgewebe und funktionieren als Einheit, mentale Sezierung dieser Einheit ist ein abstrakt-analytischer Vorgang.

Der Mensch als Maschine

Die Unterhaut (Subkutis), auch Unterhautfettgewebe genannt, ist vor allem ein guter Wärmeisolator.

Die Haut enthält mehrere Arten von Rezeptoren, die je nach Spezialisierung Berührungen, Druck, Vibration, Wärme oder schädliche Reize erkennen und über Nervenfasern und -bahnen dem sensorischen Zentrum der Hirnrinde vermitteln.

Die Mechanorezeptoren

Es gibt drei Arten von Mechanorezeptoren

— Druckrezeptoren (Intensitätsdetektoren)

— Berührungsrezeptoren (Geschwindigkeitsdetektoren)

— Vibrationsrezeptoren (Beschleunigungsdetektoren).

Die *Druckrezeptoren* heißen auch Merkel-Zellen. Sie liegen in kleinen Gruppen in den untersten Schichten der Oberhaut – dort, wo sich diese zapfenartig in die Lederhaut hineinstülpt. In der behaarten Haut liegen die Merkel-Zellen in besonderen, punktförmig über die Hautoberfläche hinausragenden Tastscheiben. Diese Tastscheiben sind ca. 0,1 Millimeter hoch und haben ca. 0,3 Millimeter im Durchmesser. Die Merkel-Zellen sind ausschließlich oder vorwiegend auf Druckreize empfindlich. Sie messen vor allem die Intensität des Reizes. Und da sie sich dem

Der Mensch als psycho-physische Ganzheit

Jede Berührung und jedes Berührt-werden und jede innere Bewegung bringt viele Reaktionen in Gang, an keiner Stelle existiert eine scharfe Trennung zwischen der Peripherie, die nur mechanisch reagiert und einem ZNS, das denkt.

B e r ü h r u n g   ist   e m o t i o n a l e   Nahrung.

Die Haut ist das größte Organ des Menschen. Sie grenzt ab und schützt, sie ist also Berührungs- und Kontaktstelle ebenso wie Abgrenzungsorgan.

Die Haut zeigt deutlich ihr Thema: Polarität (nicht Dualismus) zwischen Grenzsetzung und Kontakt/Nähe und Distanz. Pars pro toto: Die Haut spiegelt den holistischen Ansatz sehr deutlich.

Die Haut ist psycho-physisches Ausdrucksorgan. Wir werden blaß vor Schrecken, rot vor Aufregung oder Scham, bekommen z.B. eine Gänsehaut wenn wir uns ekeln oder sprechen von „Dünnhäutigkeit".

Die Haut ist Nähe und Distanz-Regulations-Organ, sie reagiert auf psychische Vorgänge, aber auch umgekehrt kann eine streichelnde Hand beruhigend oder sogar schmerzlindernd wirken.

Taktile Stimulierung ist ebenso wichtig wie das Respektieren des verbal oder non-verbal ausgedrückten „bleib mir vom Leibe". (Die phänomeno-

Der Mensch als Maschine

Reiz kaum oder nur langsam anpassen, informieren sie auch über die Dauer des Reizes.

Die *Berührungsrezeptoren* sind die Meissner-Tastkörperchen, die in den Vorsprüngen der Lederhaut in der Epidermis liegen.

In der behaarten Haut liegen diese Berührungsrezeptoren als Haarfollikel-Rezeptoren an der Haarzwiebel. Bei der Berührung von Haaren, beispielsweise auf der Handrückenseite des Unterarms oder am Kopf, entsteht nur während der Bewegung der Haare eine Empfindung.

Die Intensität der vermittelten Empfindungen hängt nicht vom Ausmaß, sondern nur von der Geschwindigkeit der Haarbewegung ab.

Auch in der unbehaarten Haut antworten die Berührungsrezeptoren so. Diese Rezeptoren vermitteln also die Geschwindigkeit eines Reizgeschehens und Änderungen des Reizes – was für den Organismus höchst informativ ist. So heißen diese Rezeptoren mitunter auch Neuigkeitsdetektoren.

Vibrationsrezeptoren sind die Pacini-Körperchen, die im Fettgewebe der Unterhaut liegen. Es sind Nervenendigungen, die zwiebelschalenartig von Bindegewebe umhüllt sind. Überdies finden sie sich auch an den Sehnen und Bändern der Muskeln, an der Knochenhaut und in den Gelenkkapseln. Diese Körperchen informieren weder über die Intensität noch über die Geschwindig-

Der Mensch als psycho-physische Ganzheit

logisch-anthropologische Forschung spricht vom Leib als dem beseelten Körper.)

Die Entschlüsselung des Säuglingssterbens bei Deprivation und die sog. Hospitalismusproblematik brachte eine Vielzahl von Betrachtungen und Experimenten ins Rollen. Die Einsicht in die Bedeutung von Berührung für die psycho-physische Gesundheit von Lebewesen ist heute unumstritten (vgl. MONTAGU, 1987).

*Das **Wenn-Dann-Prinzip** des linear-kausalen Ansatzes ist auf Taktilität nicht anwendbar (je mehr Körperkontakt desto besser die Entwicklung).*

Es geht vielmehr um das Selbstbestimmungsrecht des Individuums, Distanz und Nähe zu balancieren.

Kinästhetik

Das Gefühl der Ich-Identität erwächst auch aus der Kinästhetik. Um zu wissen, wer sie ist, muß die Person dessen gewahr sein, was sie fühlt. Der Beitrag, den die Tätigkeit der Muskeln zu unserer sensorischen Ich-Erfahrung leisten ist keineswegs auf die simpel-mechanistische und hydraulische Wirkung unserer inneren Ökologie beschränkt. Bei jeder Bewegung berührt sich das Individuum innerlich.

Der Weg eines Impulses durch das Nervensystem verläuft nicht gradlinig von der Stimulation über

Der Mensch als Maschine

keit eines Reizes, sondern nur über die Beschleunigung der Hautverschiebungen.

Die Thermorezeptoren

Der Temperatursinn teilt sich in einen Kälte- und einen Wärmesinn auf.

Die Schmerzrezeptoren

Schmerz informiert zum einen über schädigende Einflüsse der Umwelt und zum anderen über krankhafte Prozesse in unserem Körper. Schmerzrezeptoren befinden sich in der Haut und in der Tiefe (Muskeln, Knochen, Gelenke, Bindegewebe).

Der Mensch als psycho-physische Ganzheit

die Empfindung hin zur motorischen Reaktion, er bewegt sich stets kreisförmig – das eigene Innere wird von der Wahrnehmung berührt.

Wahrnehmung und motorische Antwort bilden zwei Pole der Ganzheit des Erlebens und Verhaltens.

Es sieht nicht so aus, als wenn wir unseren eigenen Körper auf andere Weise empfinden, als jegliches andere „Objekt".

Der Mensch als Maschine

Sehen

Der visuelle Sinn

Sehen: Was wir sehen sind Lichtstrahlen, die von Objekten reflektiert werden und so die Objekte/ Dinge/Menschen nachbilden.

Lichtstrahlen sind elektromagnetische Wellen, zu denen auch die Rundfunkwellen (Wellenlänge von über 1 km bis unter 1 m) oder Röntgenstrahlen (Wellenlänge bis ca. 10^{11} m) gehören. Lichtstrahlen reichen von Ultraviolett (Wellenlänge von unter 100 Nanometer bis unter 400 Nanometer) bis zu Infrarot (750 bis 1000 Nanometer = 10^9 m).

Im Bereich von 400 – 750 Nanometern liegt das Farbspektrum, das wir sehen können: Von violett bis rot – Lichtstrahlen im Bereich dieser Wellenlängen nehmen wir als Licht wahr.

Der Mensch als physiologische Maschine: **Sehen** unter dem Aspekt des **Habens**:

Sehen heißt urteilen.

Sehen heißt organisieren.

Der Mensch als psycho-physische Ganzheit

Sehen/Schauen

Sehen unter dem Aspekt des **Schauens,** des **Seins.**

*Das Sehen ist begrenzt, das Schauen des **Seins** ist unbegrenzt.*

*Das Wesen des **Sein** kann man unmittelbar wahrnehmen, sobald man einen anderen Menschen als Wesen schaut, erwacht in einem der Zugang zum eigenen Sein – dadurch entsteht echter Dialog.*

„Man sieht nur mit dem Herzen gut." Der kleine Prinz (SAINT EXUPÉRY)

Schauen heißt Ganzheit erfahren.

Schauen heißt direkte An-Schauung.

„Auf der Suche nach der Einheit hinter der Mannigfaltigkeit kamen die ... Denker zu dem Schluß, daß das von ihnen wahrgenommene Gegensatzpaar nicht das Wesen der Dinge, sondern das Wesen des wahrnehmenden Geistes widerspiegelt." (E. FROMM, 1992)

Nicht das Auge sieht: der Mensch sieht.

Was am Auge fehlgeleistet wird, trifft den ganzen Menschen mit allen Organen und Organsystemen. Dieser Zusammenhang ist keimgeschichtlich begründet.

Der Mensch als psycho-physische Ganzheit

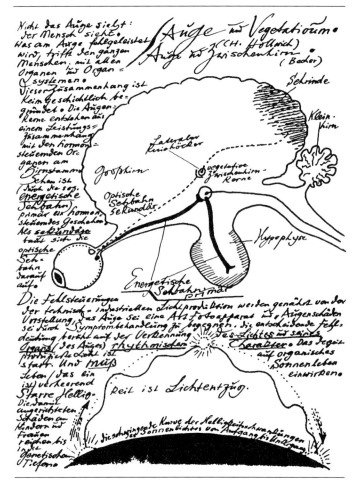

Aus: Hugo Kükelhaus „Hören und Sehen in Tätigkeit", Klett und Balmer Verlag, Zug 1990

Die Augenkerne entstehen aus einem Leistungszusammenhang mit den hormonsteuernden Organen am Hirnstamm.

Sehen ist (durch die **energetische** Sehbahn) primär ein hormongesteuertes Geschehen.

Als s e k u n d ä r e baut sich die **optische** Sehbahn darauf auf. Die entscheidende Fehldeutung beruht auf der Verkennung des Lichtes und seines Organs (des Auges) rhythmischer Charakter." (KÜKELHAUS, 1990, S. 86)

Der Licht-Sinn war – wie alle anderen Sinne – ursprünglich ein Haut – und damit ein **Fühlsinn**.

„Die von uns erlebte Wirklichkeit ist in solchem Maße abhängig von der Beschaffenheit unserer Wahrnehmungsorgane und der Struktur des Denkens, daß es zulässig erscheint, zu sagen, sie ist die SCHÖPFUNG unseres Gehirns." (v. DITFURTH, 1984, S. 313)

Der Mensch als Maschine

Hören

Der akustische Sinn

Schall bedeutet, daß die Moleküle der Luft schwingen und diese Schwingungen breiten sich wellenförmig aus, mit einer Geschwindigkeit von ca. 340 Metern pro Sekunde. Die Druckamplitude nennt man Schalldruck, der Schalldruckpegel wird in Dezibel (Db) angegeben. Die Anzahl der Schwingungen (Frequenz) in der Sekunde wird als Hertz (Hz) bezeichnet. Hohe Töne haben eine hohe Frequenz, tiefe Töne eine niedrige. Wir können Töne zwischen 20 und ca. 20.000 Hz wahrnehmen – Fledermäuse z.B. bis 170.000 Hz.

Der Luftschall trifft durch den äußeren Gehörgang auf das Trommelfell, worauf dieses zu schwingen beginnt. Die Schwingungen des Trommelfells werden über die Gehörknöchelchen auf die Flüssigkeit des Innenohres übertragen – und zwar durch die Fußplatte des Steigbügels, des letzten Gehörknöchelchens. Diese Fußplatte gibt durch das „ovale Fenster" hindurch die Schwingungen weiter.

Durch das Mittelohr wird der Schalldruck, der das Trommelfell erreicht, verstärkt. Zum einen durch den Größenunterschied des Trommelfells zur winzigen Steigbügel-Fußplatte und zum anderen durch die Hebelwirkung der Gehörknöchelchen. Die Verstärkung steht im Verhältnis von 1 : 18 bis 1 : 22, ausgeglichen wird sie durch eine gleichzeitige Verringerung der Schwin-

Der Mensch als psycho-physische Ganzheit

Hören/Horchen

Gleichgewicht

„Es ist üblich, das Gleichgewichtsorgan und das eigentliche Hörorgan (Cochlea) getrennt voneinander zu betrachten.

Zusammen bilden sie aber ... einen einzigen, mit derselben Flüssigkeit (der Endolymphe) gefüllten Membransack, das häutige Labyrinth oder Innenohr (das wiederum in einer Flüssigkeit, der Perilymphe, schwimmt und vom knöchernen Labyrinth umgeben ist.)

Darum wirkt ein rein akustischer Reiz über das Gleichgewichtsorgan auch auf den Körper. Wir hören rhythmische Klänge und verspüren den Drang, uns danach zu bewegen. Der Schall, in der Schnecke als solcher wahrgenommen und

Der Mensch als Maschine

gungsamplitude. Eine solche Verstärkung ist auch unbedingt erforderlich, denn der Schallwellenwiderstand der Innenohrflüssigkeit ist größer als der der Luft.

Die Schwingungen, die von der Steigbügel-Fußplatte durch das ovale Fenster auf die Flüssigkeit der Schneckengänge übertragen werden, führen zu Volumenverschiebungen der Flüssigkeit, wobei sich das runde Fenster – eine Membran zwischen Mittel- und Innenohr – ebenfalls als Druckausgleich bewegt. Durch diese Volumenverschiebung wird die Basilarmembran des mittleren Schneckenganges zunächst an bestimmter Stelle aus der Ruhelage gelenkt. Diese Ausbauchung pflanzt sich in Form einer Wanderwelle in Richtung Schneckenspitze fort. Wo die Wanderwellen wie Meereswellen am flachen Strand auslaufen, werden die Haarzellen des Corti-Organs (Hörorgan) auf der Basilarmembran erregt und zwar an der Stelle des Amplitudenmaximums der Welle.

Die Zellen wandeln die winzige mechanische Verformung in eine neuronale Erregung um, und zwar an ihrer Membran. Im Basisteil der Haarzellen wird daraufhin ein Neurotransmitter – chemische Substanz, die als Überträger von Botschaften die Kommunikation zwischen den Nervenzellen sichert – ausgeschüttet, der Nervenfasern erregt, die zum Hörnerv führen. Durch die verschiedenen Schaltmechanismen im Verlauf der Hörbahn werden die Töne scharf

Der Mensch als psycho-physische Ganzheit

analysiert, wird im Gleichgewichtsorgan als rhythmisches Phänomen registriert.

Die tiefen Frequenzen regen vor allem die unteren Körperteile, die Grobmotorik an... . Am Trommelfell und dem äußeren Gehörgang kommen sensible Fasern des Nervus vagus an die

Der Mensch als Maschine

getrennt und vom Hörzentrum im Schläfenlappen im einzelnen unterschieden, registriert und integriert.

Der Mensch als psycho-physische Ganzheit

Hautoberfläche. Dieser ist als wichtigster parasympathischer Nerv in hohem Maße für unser vegetatives Gleichgewicht verantwortlich und versorgt die meisten Organe, die dazu neigen, psychosomatische Symptome auszubilden.

Man kann sich nun vorstellen, daß Schall einen Einfluß auf den Vagus und somit auf unser vegetatives Gleichgewicht hat, da er das Trommelfell in Schwingung versetzt." (TOMATIS, 1987, S. 20/22)

Horchen

„Die Erschütterung der Luft wird erst Schall, wo ein Ohr ist." LICHTENBERG

Das Horchen ist ein dialogischer Akt.

Ich verstehe einen anderen Menschen – ich verstehe einen anderen Menschen nicht.

„Jeder Versuch, sich mitzuteilen, kann nur mit dem Wohlwollen des anderen gelingen." Max FRISCH

Wir nehmen einen Schalleindruck mit bestimmten physikalischen Merkmalen in einer Weise wahr, die aus einer Reihe psycho-physikalischer Reaktionen hervorgeht.

„... nicht nur die Corti-Zelle, sondern j e d e lebende Zelle – so meine kühne Behauptung – ist ein Ohr.

Der Mensch als psycho-physische Ganzheit

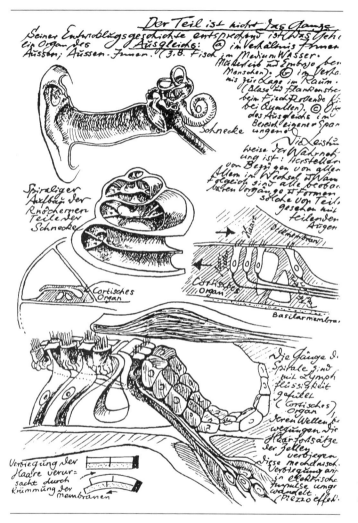

Sie hört die Umwelt ab, in der sie lebt. Im Grunde bemüht sich jede Zelle unablässig um Informationen und Kommunikation.

Diese Kommunikation ist sehr konkret, das heißt, metabolisch und energetisch .... So regelt eine ständige Vielfalt von Aktionen, Reaktionen und Gegenreaktionen die stets faszinierenden Phänomene dieser Symbiose von Milieu und Organismus, von unbelebter und belebter Welt, von zwei Ausdrucksformen des Lebens: seiner Materialisierung und seiner Beseelung." (TOMATIS, 1987, S. 96/97)

Abbildungen (S. 124 und 125) aus: Hugo Kükelhaus „Hören und Sehen in Tätigkeit", Klett und Balmer Verlag, Zug 1990

Der Mensch als psycho-physische Ganzheit

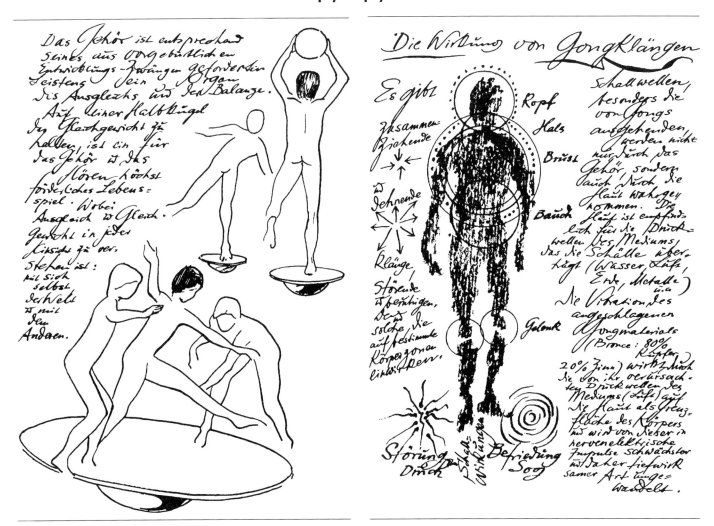

Der Mensch als Maschine

Riechen

Das Riechen – der olfaktorische Sinn

Über die Physiologie des Riechens ist im Vergleich zu den anderen Sinnesorganen wenig bekannt. Es sind mehrere Theorien über das Phänomen des Riechens entwickelt worden, dennoch bleibt die Funktionsweise des Geruchsorgans weitgehend unbekannt.

Hier Daten über die Physiologie des Riechens.

Durch die Nasenlöcher tritt die Atemluft in zwei langgestreckte Hohlräume (Nasenhöhlen = Cavitas nasi) ein, die mit einer feuchten Schleimhaut ausgekleidet sind.

Sie sind durch die Nasenscheidewand (septum nasi) voneinander getrennt.

Die Nasenhöhle steht mit mehreren Nebenhöhlen in Verbindung, die ebenfalls mit Schleimhaut ausgekleidet und mit Luft gefüllt sind. Von den seitlichen Wänden der Nasennebenhöhlen springen drei übereinander angeordnete Nasenmuscheln vor, die den Hohlraum stark verengen und die Zugangskanäle der Nebenhöhlen schützen. Hinter diesen Nasenmuscheln bildet die *Choane* die Öffnung zum Nasen-Rachen-Raum ins Körperinnere.

Die Nasennebenhöhlen sind (beidseits).

1. Kieferhöhlen (seitlich gelegen)
2. Stirnbeinhöhlen (über den Augenhöhlen)

Der Mensch als psycho-physische Ganzheit

Riechen

Das Riechen ist also ein Ur-Sinn mit größter psycho-physischer Bedeutung. Wie Lärm uns krank macht, kann Geruch uns krank machen – die Schwierigkeit liegt hier vor allem darin, daß die Bewußtwerdungsschwelle für olfaktorische Eindrücke sehr hoch ist und somit sehr viel unbewußt abläuft.

Einige Untersuchungen liegen vor, die die psycho-physische Qualität es olfaktorischen Sinnes belegen:

So lassen sich Säuglinge sofort beruhigen oder schlafen sogar ein, wenn man ihnen einen von der Mutter zwei Tage getragenen Schal ins Bett legt. Sie „wittern" dann offensichtlich die Mutter und fühlen sich geborgen. Und alle kennen wir den Anblick der (Klein-)Kinder, die ihr total verdrecktes, „stinkendes" Schnüffeltuch mit sich tragen müssen und ohne es aggressive Ausbrüche bekommen.

Vielleicht haben wir uns keinen guten Dienst erwiesen, als wir uns Immanuel KANT – der den Geruchssinn als unästhetisch abtat – und Sigmund FREUD anschlossen, der ihn mit der animalischen Seite unserer Persönlichkeit in Verbindung brachte. Auch das „Tier" in uns ist vorhanden – wir brauchen uns nur die nächste Nachrichtensendung anzuschauen – und will beachtet werden, da es ein großes psychisches Potential hat.

Der Mensch als Maschine

3. Siebbeinzellen (am Siebbeinknochen)
4. Keilbeinhöhlen (hinter Siebbeinknochen)

Stirnbeinhöhle, Keilbeinhöhle und Siebbeinzellen befinden sich in unmittelbarer Nähe des Gehirns und der Hypophyse!

Im oberen Teil der Nasenhöhle befindet sich das Riechepithel oder Riechfeld (Regio olfactoria), ein fünf bis zehn Quadratzentimeter großer Teil der Nasenschleimhaut. Hier enden die peripheren Fortsätze (Dendriten) der Riechzellen in Form von feinen Sinnenshärchen (Flimmerhärchen).

Die Neuriten der Zellen bilden den *nervus olfactorius* (Riechnerv) und ziehen in die Schädelhöhle, wo sie mit den Zellen der *bulbi olfactori* (Riechkolben/1. Hirnnerv) über Synapsen in Verbindung stehen. Die Bulbi Olfactori sind zwei längliche Streifen aus Nervengewebe an der Unterseite des Fontallappens. Die Neuriten der Zellen in einem jeden Bulbus olfactorius bilden den *tracus olfactorius* (Tracus = Strang). Dieser Nervengewebsstrang überträgt Impulse zum Temporallappen des Großhirns.

Von dort gehen zahlreiche Fasern zu den großen Steuerzentren des Organismus, dem Hypotalamus, dem Thalamus und in die Mandelkerngebiete.

Rückführende Bahnen (efferente Fasern) leiten Impulse zum Bulbus olfactorius zurück. Der

Der Mensch als psycho-physische Ganzheit

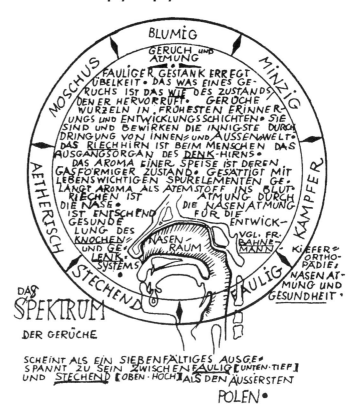

Aus: Hugo Kükelhaus: „Hören und Sehen in Tätigkeit", Klett und Balmer, Zug 1990

Im Gegensatz, besonders zum Gesichtssinn, ist der Geruchssinn sicherlich in der Entstehungsgeschichte der menschlichen Gattung früh stark entwickelt und von großer Bedeutung gewesen. Ähnlich wie auch das Tasten und Fühlen wurde beim aufrecht gehenden Menschen die Orientierung durch den Geruch von größere Distanz überschauenden Sinnen (Ohr, Auge) weitgehend

Der Mensch als Maschine

Bulbus olfactorius gehört zum Riechhirn (Rhinencephalon), welches wiederum dem *Limbischen System* zugeordnet wird. Emotionen und Motive werden u.a. im Limbischen System koordiniert und „beantwortet". Emotionales Verhalten und Empfinden (z.B. Wut, Angst, Hemmung, Freude und Lust) sind eine Leistung des Limbischen Systems. Es hat Einfluß auf das Sexualverhalten, die Fortpflanzung und die vegetativen Funktionen des Organismus.

Neuere Untersuchungen haben ergeben, daß hier evtl. wichtige Funktionszentren für das Gedächtnis und das Lernverhalten zu suchen sind. Riechinformationen erreichen auf ihrem, im Vergleich zu anderen Sinnesreizen, kurzen, direkten Weg zum Gehirn die zentralen Bereiche des Individuums.

Der Geruchssinn ist der einzige Sinn, dessen zuleitende Nerven (sensorische Bahnen) direkt mit dem Endhirn in Kontakt stehen.

Der *Thalamus* kontrolliert die Informationen der anderen Sinne und schaltet sie um, ehe sie an die Projektionsfelder der Gehirnrinde weitergegeben werden.

Geruchsinformationen erreichen die höheren Bewußtseinszentren ohne diese Umschaltung! Wir vergegenwärtigen uns, daß aus dem Riechhirn das eigentliche Großhirn entstanden ist.

Der Mensch als psycho-physische Ganzheit

ersetzt. Die Nähe zum riechenden Gegenstand tritt nur im gelegentlichen Wechsel mit einer Erfassung durch den Blick, der schon von weitem Wichtiges zu erkennen vermag, in den Kreis unserer Orientierungs- und Bestimmungsfähigkeiten wieder ein. Dabei sind auch weithin wahrnehmbare Gerüche, bei den Menschen der Industrieländer zumindest, für die Aufmerksamkeit in den Hintergrund getreten. Vielleicht sind gerade darum Erinnerungen und Situationsbestimmungen, die uns in der Verbindung mit einem unerwartet auftauchenden Geruch gegenwärtig werden, wie dem von Kartoffelfeuern für manche, für andere von besonderen Blüten usw., Ereignisse in tiefsten seelischen Schichten. Die Gerüche werden in unserem Gelände auch als eine Einleitung zu dem folgenden Bereich der „Orientierungen" verstanden.

„Man bedenke: unter allen Sinnesorganen, mit denen der Mensch ausgestattet ist, ist der Riechsinn der anfänglichste. Das Organ, mit dem der Mensch seine im eigentlichen Sinne menschlichste Leistung vollbringt, ist das Denkhirn. Das Denkhirn ging hervor aus dem Riechhirn. In ihm hat das Denken seine Wurzeln wie ein Baum im Erdreich. Wie aber steht es mit dem Denken, wenn diese Wurzeln verkümmern, die anatomischen Bahnen zum Denkhirn blockiert sind? Ist das Denken dann noch ein Denken? Kann der Mensch ohne 'Riecher' denken?" (KÜKELHAUS, 1975, S. 99)

Der Mensch als Maschine

Die Theorien des Riechens

Es sind mehrere Theorien über das Phänomen des Riechens entwickelt worden, über 30 Haupttheorien, grundsätzlich aufgeteilt in Strahlen und Teilchentheorien.

Drei Theorien möchte ich Ihnen hier vorstellen:

1. Riechrezeptoren senden Infrarotstrahlen verschiedener Wellenlängen aus, wobei jedes Molekül, das die Riechrezeptoren passiert, eine bestimmte Wellenlänge absorbiert und dadurch den Rezeptoren Energie entzieht.

    Der Energieverlust löst spezifische Nervenimpulse aus.

2. Die Substanzen, die mit dem Geruch besonders leicht wahrgenommen werden, sind fettlöslich. Da die Nervenmembran in großem Ausmaß Fettsubstanzen enthält, lösen sich die Moleküle, die mit den Rezeptoren in Kontakt kommen, in ihr. Dieser Lösungsvorgang depolarisiert die Membran und erzeugt einen Nervenimpuls.

3. Moleküle der Duft/Geruchsstoffe treten durch Lösung aus dem gasförmigen Zustand in das Nasensekret über. Das entstandene Flüssigkeitsgemisch wirkt chemisch auf die freiliegenden sensiblen Nervenendigungen in der Nasenschleimhaut und löst Nervenimpulse aus.

Der Mensch als psycho-physische Ganzheit

Der Mensch als Maschine

Diese Theorien berücksichtigen alle, daß die Geruchsrezeptoren sehr schnell ermüden.

Kontinuierliche Stimulierung der Geruchsrezeptoren für die Dauer von mehreren Minuten mit einem spezifischen Geruchsstoff läßt die Rezeptoren vorübergehend ihre Fähigkeit verlieren.

Wird jedoch ein anderer Geruchsstoff angeboten, kann dieser vollkommen unbeeinträchtigt wahrgenommen werden.

Das Geruchsorgan kann eine Vielzahl von verschiedenen Geruchsstoffen unterscheiden und besitzt die Fähigkeit, die einzelnen Geruchsstoffe zu unterscheiden.

Ein „normaler" Mensch unterscheidet bis zu 3000 Gerüche, dabei helfen ihm ca. 10 Millionen Riechzellen, die jeweils mit ca. 6 – 8 Sinneshärchen (Flimmer- oder Riechhärchen) besetzt sind.

Das ist allerdings nur ein Zwanzigstel derer, die ein Schäferhund besitzt.

Geruch und Atmung sind eng miteinander verknüpft. Die Nase kontrolliert die vorbeiströmende Atemluft. Mit Hilfe der eben erwähnten vielen Flimmerhärchen reinigt sie diese und erwärmt sie gleichzeitig auf ca. 33 Grad.

Die unterschwellig immer vorhandenen Gerüche werden dem Bewußtsein nicht gemeldet. Erst intensivere, nicht so selbstverständliche Gerü-

Der Mensch als psycho-physische Ganzheit

Der Mensch als Maschine

che wie z.B. Brandgeruch werden dem Bewußtsein umgehend „gemeldet".

Beim sog. Schnüffeln werden jedoch beträchtlich mehr Moleküle nach oben geleitet, die optimale Luftfeuchtigkeit in den Nasenhöhlen liegt bei ungefähr 80%. Bei Rauchern ist sie auf ca. 40-50% abgesunken, was zu einem Austrocknen der Nase führen kann.

Obwohl der Mensch in der Lage ist, bis zu 3000 Gerüche zu unterscheiden, fällt es ihm schwer, sie zu benennen. Er beschreibt sie mit Begriffen aus den unterschiedlichsten Bereichen, z.B.:

süß, säuerlich, käsig, beißend, stechend, betäubend, faulig, frisch, holzig, ekelig.

Warum ist das so?

Wissenschaftlich betrachtet könnte es daran liegen, daß Sprech- und Riechzentrum im Hirn so weit voneinander entfernt sind, doch wem genügt schon diese „lokalisationstheoretische" Antwort?!

Die Zugehörigkeit zum Limbischen System läßt vermuten, daß auch hier die Psyche beteiligt ist, ja, es liegen eindeutige Untersuchungsergebnisse in dieser Richtung vor.

Es wird vermutet, daß wir Gerüche deshalb nicht so gut benennen können, weil wir sie verdrängen. Der Mensch, der sich schon weit von seiner tierischen Vergangenheit entfernt zu

Der Mensch als psycho-physische Ganzheit

Der Mensch als Maschine

haben glaubt, lehnt mit zunehmender Zivilisation seine natürlichen, animalischen Gerüche ab, redet auch nicht darüber und übergeht sie mit peinlichem Schweigen.

Der Geruchssinn – der Analphabet unter den Sinnen?

Der Geruchssinn ist nicht nur ein lästiges Überbleibsel aus unserer Phylogenese, ganz im Gegenteil! Gerüche beeinflussen uns stark.

Amerikanische und japanische Wissenschaftler haben herausgefunden:

— Jasmin und Zitrone sind Muntermacher,

— Lavendel und Rose wirken eher dämpfend/ beruhigend,

— Apfelduft hilft gegen Streß,

— Gewürzapfel senkt den Blutdruck.

Gerüche können noch mehr, so auch die Vergangenheit und bestimmte Stimmungen in uns wachrufen, unser Gedächtnis schafft es jedoch nicht, Gerüche wiederherzustellen.

Während des Schlafens bleibt unser Geruchssinn wach und „meldet" unverzüglich drohende Gefahren.

Die Nase ist unser bestes Warnorgan, sie wehrt sich schon lange gegen unsere Wohlstands- und Umweltsünden. Unsere Geruchswahrnehmungen werden beeinträchtigt durch:

Der Mensch als psycho-physische Ganzheit

Der Mensch als Maschine

Kälteeinwirkung, Reizgewöhnung, chemische Faktoren, Luftverschmutzung, trockene Luft, falsche Ernährung, Mangel an Gelegenheit, die Vielfalt der natürlichen Gerüche wahrzunehmen.

Ein Organ, das nicht richtig gebraucht wird, verkümmert. Richtiger Umgang mit Gerüchen muß also neu gelernt werden.

Doch unsere übertriebene Angst vor Körpergerüchen – von der Industrie manipuliert –, die uns an unsere animalische Vergangenheit erinnern, veranlaßt uns, eher zu Deos, Weichspülern, Parfüms u.ä. zu greifen.

Nase → Geruchsnerven → Limbisches System → Hypothalamus → Hypophyse (Hirnanhangdrüse) → Geschlechtsdrüsen

Limbisches System → (Corpus amygdoloideum) Hippocampus → Gedächtnis, Lernen, Gefühl

→ Großhirnrinde → intellektuelle Prozesse

→ Nebennieren → Aggressionskontrolle

→ sexuelle Reaktionen

Der Mensch als psycho-physische Ganzheit

Der Mensch als Maschine

Geruch und Geschmack

Ohne die Hilfe seines „großen Bruders" – des Geruchssinns – wäre der Geschmackssinn arm dran, er würde eine Suppe aus Zellulose für eine Delikatesse halten!

Von allen Sinnen ist der Geruchssinn also der geheimnisvollste. Seine Wirkung auf die Psyche ist tief und subtil zugleich. Olfaktorisch wirksame Substanzen erreichen Bereiche des Gehirns, die nicht der bewußten Kontrolle unterliegen, olfaktorische Wahrnehmungen beeinflussen unsere psychische Befindlichkeit – un-bewußt und ir-rational – sehr stark.

Düfte und Gerüche dringen unmittelbar und tief ins Gehirn, da beim Geruchssinn die Rezeptoren-Nervenenden in direktem Kontakt mit der Außenwelt stehen. Es ist nichts zwischen den Gasmolekülen und den Rezeptoren, was mit dem Trommelfell oder dem Augapfel vergleichbar wäre, nur eine sehr dünne Schleimhautschicht.

Tasten und Riechen sind elementare primitive Sinnesorgane und mit instinktiven Assoziationen verbunden.

Die Geruchsnervenzellen sind regenerierbar, eine Fähigkeit, die bis vor kurzem den Nervenzellen des Gehirns abgesprochen wurde.

Die olfaktorischen Inputs umgehen die Blut-Hirn-Schranke, da die Geruchsnerven direkt auf das Gehirn einwirken.

Der Mensch als psycho-physische Ganzheit

Der Mensch als Maschine

Die Gas-Moleküle selber dringen nicht weiter als bis in die Nervenhöhle, dort lösen sie einen Nervenimpuls aus, der sich auf dem Weg ins Gehirn immer mehr verstärkt. Denken wir in diesem Zusammenhang an die verheerenden Auswirkungen des Schnüffelns von Kokain und Klebstoff oder Zyanid.

Machen wir uns auch klar, daß das, war wir unseren gustatorischen Sinn (Schmecken) nennen, zu 80% aus Geruchssinn besteht.

Wir können nur salzig, süß, sauer und bitter schmecken und „erzeugen" durch unsere Nase unendlich viele „Geschmacks-"nuancen.

Die Unterschwelligkeit olfaktorischer Sinnes- und damit auch Gefühlseindrücke ist ein wichtiges Element z.B. bei der Verkaufsstrategie für Industrie-Produkte und sollte es auch in einer sensorischen Therapie sein, hier natürlich nicht im kommerziellen **Sinne**. Und es sollte in der HSB berücksichtigt werden, daß das Verarbeitungszentrum für olfaktorische In-Puts das Limbische System ist, welches ebenfalls entscheidenden Einfluß auf Gedächtnis- und damit auch Konzentrations- und Lern-Erfahrungen hat.

Der alte Name für das Limbische System lautet Rhinenzephalon, also Riechhirn. (Der Spruch: „Den kann ich nicht riechen." wird hier aus neurophysiologisch/anatomischer Sicht interpretierbar).

Das Limbische System umfaßt eine Reihe von komplexen Strukturen, ein Areal ist für die Geruchswahrnehmung zuständig.

Zwei weitere Bereiche finden oft Erwähnung: Der Hippocampus und der Mandelkern (Corpus amygdaloideum).

Sie sollten bei Gefühls- und Erinnerungsvorgängen eine relevante Rolle spielen und tragen zur olfaktorischen Wahrnehmung bei, da beide Nervenendungen der Geruchsnerven aufweisen.

4.

Die Psycho-Physiologie der Sinne – Von der Sinnlichkeit zum SINN

4. Die Psycho-Physiologie der Sinne – Von der Sinnlichkeit zum SINN

„Das Gleichgewicht stellt die Nahtstelle zwischen Psyche und Physis dar."
(Ursa DIALER)

„Ich fühle mich toll, wenn ich mich ganz lange gedreht habe" (Kathrin, 6 Jahre)

„Das, was wir erkennen, spiegelt mir uns selbst wieder". (Gerd GERKEN)

Gleichgewicht

„...so etwas wie 'Gravitation' gibt es nicht – Gravitation ist identisch mit Beschleunigung, Beschleunigung ist Bewegungsveränderung. So etwas wie 'Materie' gibt es nicht – Materie ist eine Krümmung des Raum-Zeit-Kontinuums". (ZUKAV, 1991, S. 209)

Gravitation = Beschleunigung
Beschleunigung = Gravitation
Raum-Zeit-Kontinuum
Energie = Masse
Masse = Energie

(Da Schwerkraft = Beschleunigung ist, erklärt sich auch, warum nach der Allgemeinen Relativitätstheorie unter bestimmten „Bedingungen" z.B. Maßbänder kürzer sind und die Zeit stehen bleibt bzw. rückwärts „gehen" kann.)

Das heißt letztendlich, daß die beiden Funktionen der „Gravitations-Steine" und der Bogengänge (Bewegungs-Veränderung) des Innenohrs nicht getrennt betrachtet werden können, ebenso wie es sich letztendlich bei dem Hörorgan (Cochlea) und dem Gleichgewichtsorgan (Steine/Bogengänge) um eine synergistische Einheit handelt.

Alle Trennung ist künstlich und letztendlich Produkt unserer Anschauungsart/Kognitionsstruktur/Perzeption und Apperzeption.

In das komplexe Gleichgewichts-Geschehen sind die Sinnen-Wahrnehmungen, Organfunktionen und Bewegungsmöglichkeiten enthalten/einbezogen.

Der Gleichgewichts-**Sinn** ist der homöostatische Sinn in der kybernetisch-systemischen Theorie. Aus dem Gleichgewicht zu geraten heißt, sich im Zustand des Chaos (ist nichts Negatives, nur der scheinbare Gegensatz von Kosmos = Ordnung) zu befinden und impliziert dissipative Strukturen. Der Gleichgewichts-**Sinn** kommt in einer mechanistisch-funktionalistisch orientierten Kultur zu kurz bzw. ist nur Insidern bekannt.

„Dabei kommen im Laufe der Kindheit in unserer europäisch-nordamerikanischen Geschichte die 'älteren' Sinnesvermögen zugunsten der Leistungen bei Fortbewegung und Orientierung, besonders durch das einschätzende Auge, zu kurz. Der Gleichgewichtssinn etwa wird als funktionierend vorausgesetzt, aber nur noch bei gelegentlichen Spielen oder Übungen oder gar nicht weiterentwickelt. Um dem entgegen das Grundgleichgewicht in seinen zahllosen Wandlungen wieder sicherer zu bestätigen und zu empfinden, werden die entsprechenden Stationen als Belebung für den ganzen Leib an den Anfang gestellt." (KÜKELHAUS, 1986, S. 79)

Alles Sinnes- und Organgeschehen ist auf Selbst-Regulation und damit auf Selbst-Bewußtsein angelegt und speziell die Vernachlässigung des/der Basis-**Sinne/s** kann fatale Auswirkungen auf die Selbst-Regulations-Fähigkeit des Organismus haben. Das Aufrichten zum aufrechten Gang geschieht mit Hilfe der Senkrechten aus der Horizontalen. Wir richteten uns auf und wurden denkend-sprechende Menschen.

Das Gleichgewicht ist der Dreh- und Angelpunkt des Geschehens, der Genese; aus dem Gleichgewicht zu geraten eröffnet die **Chance** (durch Chaos) zu einer höheren Ordnung zu finden und beinhaltet die Gefahr des Abrutschens, welches ebenfalls **sinn**-erfüllt ist, nur ist der **Sinn** sogennanter negativer Ereignisse schwerer verständlich.

„Je höher der Körperschwerpunkt, desto labiler ist unser Gleichgewicht. Je labiler aber das Gleichgewicht, desto mobiler und schneller ist die Bewegung. Das labile Gleichgewicht ist für die stabile Haltung notwendig. Das klingt vielleicht widersinnig, ist aber durch ein Beispiel leicht zu verstehen: Schilfgras ist zwar dünn und hoch, es ist sehr labil und wird vom Wind leicht umgeweht. Es findet auch durch seine Labilität immer wieder zurück in die Senkrechte. Ein Mensch würde, wenn er angestoßen würde, sofort umkippen, wenn er sich steif wie ein Zinnsoldat halten würde. Da er aber ein labiles und damit dynamisches Gleichgewicht hat, kann auch er sich immer wieder in die Senkrechte zurückbegeben." (ZINKE-WOLTER, 1991, S. 207)

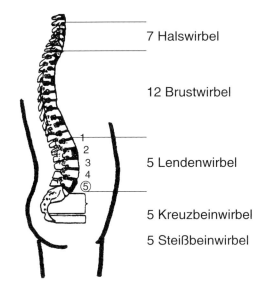

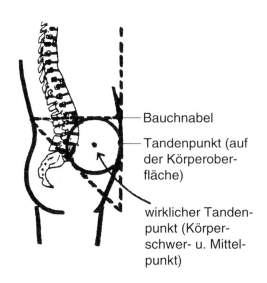

Atmung und Haltung

Je mehr wir unseren (Körper-) Mittelpunkt gefunden haben – die Japaner nennen ihn Tanden und die Inder Hara (er liegt in unserer Körpermitte ca. zwei fingerbreit unterhalb des Nabels) – desto mehr sind wir in unserem Gleichgewicht.

„Das Ich ist zuallererst ein körperliches Ich" sagte bereits S. FREUD 1923. Wie gelangen wir zu einer „labilen Stabilisierung" unseres Gleichgewichtes/unserer Körpermitte? Durch Atem-Übungen (LODES), KI (jap. Energie) Übungen, durch Hatha-Yoga-Übungen, durch eutonische Übungen, durch Feldenkrais-Übungen, durch Qi Gong (chin. Energie-Arbeit) etc.

Durch Lemniskate-Übungen der Liegenden Acht. (Für Kinder auch mit Rand-Begrenzung bau-bar.) Durch Kettenstege, Trittsteine, Dreizeitenpendel, Dendrophone, Schwingende Balken, Balancierscheiben, Schaukeln und Schwingen, Pirouetten/Rotationsscheiben à la KÜKELHAUS, 1985, S. 81 ff)

„Das Individuum – der Mensch – als offener selbstregulierender Organismus mit Systemcharakter befindet sich selten im Gleichgewicht; das Nicht-Gleichgewicht und die Selbstorganisation sind 'dissipative Strukturen' ". (PRIGOGINE, vgl. BÖSE/SCHIEPEK, 1989). Dissipation läßt an Chaos denken und das Wort Chaos ist eindeutig negativ besetzt, dabei beinhaltet das Chaos des nicht-homöostatischen Zustandes die Chance zum Sprung, zur Entwicklung auf eine höhere Ebene der Homöostase und (damit) des Bewußtseins. („Struktur" ist das Gegenteil von Chaos – es ist „kosmische" Ordnung, Kosmos = Ordnung).

„Wie bei jenem, der auf schwankendem Boden sich der Fähigkeit seines Körpers, Gleichgewicht herzustellen, die Störung des von-selbst-laufenden Anstoß zur Entdeckung verborgen Selbst-Bewußtseins ist..." (KÜKELHAUS, 1985, S. 15)

„...so wenig, wie das Gleichgewicht ein starrer Zustand ist, sondern Ergebnis des im Spiel des Lebens stetig sich ändernden Verhältnisses zwischen Erstarrung und Auflösung, Stehen und Fallen, Stillstand und Änderung." (KÜKELHAUS, 1985, S. 15)

Es ist also opportun von Fließ-Gleichgewichts-Zuständen zu sprechen. Jeder Schritt bringt das Gleichgewicht in einen Labilitäts-Zustand und nur so wird das Gehen überhaupt möglich. MATURANA beschreibt den Menschen als homöostatisch-autopoietischen Organismus; um zu verdeutlichen, daß sie in der Lage sind, eine globale Stabilität über die Dauer ihres Lebens aufrechtzuerhalten.

„Der Begriff, die Vorstellung, das Modell der Homöostase, des Gleichgewichtes ist letztendlich – wie alle Modelle/Theorie-Bildung – eine Freisetzung/Schöpfung des menschlichen Geistes, welche Wirklichkeit/Realität determinieren, konstruieren, 'erfinden' ". (v. FOERSTER, vgl. SEGAL, 1986).

„Aufgrund dieser ihrer Organisation operieren autopoietische Systeme, die durch ihre Aktivität ihre eigene Organisationsform als die kritische fundamentale Variable konstant halten." (MATURANA, 1982, S. 142)

„Die Sprache stellt uns Fallen, da sie den Verstehensprozeß lenkt." (MATURANA, 1982, S. 15)

Das Vorherrschen positiv aufschaukelnder rückgekoppelter Verhaltensweisen bei einem sich vestibulär exzessiv stimulierenden Kind ist als Selbstregulation zu verstehen, mit der Tendenz, zu negativ abschaukelnden Rückkopplungsschleifen zu gelangen. Letztendlich sind Gleichgewicht und Un-Gleichgewicht gleichzeitig vorhanden – eine Annäherung an diesen Zustand bringt in etwa der Begriff des Fließ-Gleichgewichtes.

Negative Rückkoppelung heißt, die Selbstregulationsfähigkeit des Organismus ermöglicht die Fähigkeit der Selbstregulation: (hier) zu niedrige, defizitäre Gleichgewichtsstimulation (zuviel an Inhibition) wird erhöht (ausgeglichen) bzw. zu hohe Gleichgewichtswerte (Fazilitation) werden reduziert: Die Balance von Fazilitation/Inhibition als Fließ-Gleichgewicht.

Die positive Rückkopplung dient dazu, den Organismus in Bewegung zu bringen bzw. durch einen entsprechenden Aufschaukelungsprozeß den neuen, „besseren" Gleichgewichtszustand zu evolvieren.

Aber letztendlich sind die übergeordneten negativen Rückkopplungsschleifen die selbstregulativ-therapeutisch relevanten. Die psycho-physische Erlebens-Überlebensfähigkeit eines Systems hängt entschieden von diesen beiden Seiten des Mechanismus ab.

Das Vestibulär-System (Gleichgewichtssystem) hat zwei Aspekte und zwei Arten von Rezeptoren. Die eine Art der Rezeptoren reagiert auf Gravitation (Schwerkraft) und vertritt damit den **Zeit**-Aspekt, da Gravitation = Zeit = Bewegung ist.

Positive Rückkopplung meint, daß die vom Gleichgewichtszustand entfernten Empfindungen in gleicher Richtung weiter verstärkt werden (FREUD argumentierte mit dem Begriff der Spannungsminderung und des Lustprinzips), der sich selbst regulierende Organismus – der zumindest im Auge des Betrachters/ Teilnehmers/ Beobachters immer mehr aus dem

Gleichgewicht gerät – befleißigt sich der sog. „negativen Rückkopplung", die erstmals negativ klingt, ob der alltagssprachlichen Bedeutung von negativ = schlecht.

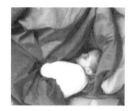

Beschleunigung/Bewegung als Veränderung der Geschwindigkeit ist mit Gravitation identisch (vgl. Zukav, 1989, S. 207).

„...Gravitation ist identisch mit Beschleunigung, Beschleunigung ist Bewegungsveränderung." (Zukav, 1989, S. 209)

Und was ist **Zeit**?

Zeit = Entfernung : Geschwindigkeit.

Die Erdschwere zieht die Kristalle der im Vestibulum gelegenen Kalziumcarbonatkristalle nach unten und die dadurch verursachten Bewegungen der haarförmigen Neuronen aktivieren den Gleichgewichtsnerven.

Der Vestibularnerv (8. Hirnnerv) überträgt die Erregung auf die vestibulären Kerne im Hirnstamm. Durch diese Sinneswahrnehmung gewinnen wir in Kombination mit anderen Zeit- bzw. Rhythmus-Eindrücken die Empfindung von **Zeit**.

Der **Raum**-Aspekt wird (auch) durch die drei Bogengänge vermittelt, die in die drei Richtungen unserer Raum-Wahrnehmung verlaufen: oben/unten; vorne/hinten; rechts/links.

Die **Raum/Zeit**-Empfindung resultiert – auch – aus der vestibulären Empfindung.

Die moderne Physik spricht vom Raum-Zeit-Kontinuum. Die Raum-Zeit-Empfindung ist wesentlicher Bestandteil unserer Realitätswahrnehmung.

Das Wort **Realität** ist von den Wurzeln „res" (Ding) und „revi" (Denken) abgeleitet es bedeutet somit: Alles, was Du d e n k e n kannst. Das ist nicht „Das-was-ist". Keine Sinneswahrnehmung kann **Realität/Wahrheit/Wirklichkeit** im **Sinne** von „Das-was-ist" erfassen. Die Macht des **Geistes** formt die Realität.

„Es gibt nichts als Raum-Zeit und Bewegung, und die sind in Wirklichkeit identisch." (Zukav, 1989, S. 209)

Die anatomisch-physiologischen Substrate der Raum-Zeit liegen im Innenohr ganz dicht beieinander und aus ihnen entwickelt sich das Hören, die Grundlage der Sprache. (vgl. Tomatis)

Zweidimensional „empfangen" unsere Augen das Raum-Bild, der Apperzeptions-Apparat Gehirn verarbeitet es zu einer dreidimensionalen Empfindung: oben/unten; vorne/hinten; rechts/links.

Wieviele Dimensionen realiter vorhanden sind, können unsere Sinne nicht „erzählen", ganz abgesehen von der erkenntnis-philosophischen und auch biologisch-physiologisch-psychologischen Überlegungen (MATURANA, WATZLAWICK, VON FOERSTER, SEGAL), ob es Realität außerhalb unseres Geistes (Solipsismus) bzw. unseres Kopfes (ECCLES, POPPER) gibt.

Genausogut können wir über das Zustandekommen der Dreidimensionalität der Zeit (Vergangenheit-Gegenwart-Zukunft) spekulieren.

„Wenn wir eine Zeitspanne so überblicken könnten wie einen Raum, dann würden wir sehen, daß sich Ereignisse nicht im Verlauf der Zeit entwickeln, sondern sich komplett darbieten, wie ein Gemälde auf dem Gewebe Raum-Zeit. In solch einem Bild sind Vorwärts- und Rückwärtsbewegungen in der Zeit nicht bedeutsamer als Vorwärts- und Rückwärtsbewegungen im Raum." (ZUKAV, 1989, S. 252).

De BROGLIE schreibt:

„In der Raum-Zeit ist alles, was für uns Vergangenheit, Gegenwart und Zukunft ausmacht, als ein großes Ganzes gegeben... . Jeder Beobachter entdeckt im dem Maße, wie seine Eigenzeit abläuft, gleichsam neue Ausschnitte der Raum-Zeit, die ihm als die sukzessiven Aspekte der materiellen Welt erscheinen, obwohl in Wirklichkeit die Gesamtheit der Vorgänge, die die Raum-Zeit konstituieren, der Erkenntnis vorausgeht." (DE BROGLIE in ZUKAV, 1991, S. 253)

WAS wir wahrnehmen ist z.B. der Gegenstand, der SI; **wie** (und **was**) wir wahrnehmen ist der Betrachtungsmodus der HSB.

„Es ist verboten, das Erkennen zu erkennen. Wir sind **nicht** darauf ausgerichtet, zu beobachten, **wie** wir beobachten, zu erkennen, wie wir erkennen, uns bewußtzumachen, **warum** wir welches Bewußtsein haben." (GERKEN, 1991, S. 247)

„Wir neigen dazu, in einer Welt von Gewißheit, von unbestreitbarer Stichhaltigkeit der Wahrnehmung zu leben, in der unsere Überzeugungen beweisen, **daß die Dinge nur so sind, wie wir sie sehen.**

Was uns gewiß erscheint, kann keine Alternative haben. In unserem Alltag, unter unseren kulturellen Bedingungen ist dies die übliche Art, Mensch zu sein. ... Aber in Wahrheit ist das Nichtwissen darum, wie sich unsere Erfahrungswelt aufbaut, die in der Tat **das** Naheliegendste unserer Existenz ist, ein Skandal. Es gibt viele Skandale auf der Welt, aber diese Unwissenheit ist einer der größten." (MATURANA/ VARELA, 1987, S. 31)

Wir sehen also kein von uns als Teilnehmer der Beziehung unabhängiges „schwerkraftverunsichertes" Kind, das Kind ist in Relation zu und mit uns „schwerkraftverunsichert". Den Satz von AYRES (1984, S. 51) „Erst die Bogengänge und die Schwerkraft geben uns ein physikalisches Bezugssystem, das uns eine richtige Vorstellung über das Gesehene vermittelt" möchten wir dahingehend ergänzen, daß wir auf das psycho-physische Gesamtgeschehen und das offene Beziehungssystem, welches (autopoietische/s) Beobachtung/Sehen ermöglicht, hinweisen.

Das Bezugssystem ist erkenntnistheoretisch gesehen nicht statisch-physikalisch; sondern dynamisch psycho-physisch fließend.

Das Statische als biologisch-physiologisches Substrat trifft auf psychisch-geistig formende Beziehungsprozesse.

Es ist daher für Therapeuten, Mediziner, Pädagogen, BTs, KGs, Psychologen, Psychomotoriker etc. wichtig, sich der eigenen erkenntnisformenden Prozesse klar zu werden und nicht blind dem trügerischen Bild der Augen zu glauben, die das sehen, was Perzeption und Apperzeption zuläßt.

Ein gleichgewichtsgestörtes Kind mit Raum-Zeit-Problemen hat fließende Bezugssystem-Probleme, die kommunikativ-dialogische Beziehungs-Arbeit seitens des Therapeuten erfordern und nicht eine Aneinanderreihung von Gleichgewichtsübungen.

Da Gleichgewichtsprozesse der grundlegende Modus und der grundlegende Fokus für dissipative Prozesse mit positiver und negativer Rückkopplung sind, ist die Beachtung des dialogischen Gleichgewichtes von eminenter Bedeutung.

Das Agens pädagogisch-psychologisch-therapeutischer Arbeit ist das Bewußtsein, mit dem Anderen zu sein. Das heißt auch, dem Gegenüber das Empfinden zu vermitteln, daß er/sie nach dem Auseinandernehmen in Teilen (z.B. einzelne Sinneskanäle und deren Störungen) als Ganzes – als Gesamtkunstwerk Mensch in und mit all seiner Individualität – gesehen wird. Das noch so elaborierte Intervenieren bringt keinen Erfolg im eigentlichen humanistischen **Sinne**, höchstens im selektiv-interpretieren des Erfolgsuchenden; daher ist jede „erfolgreiche" Therapie im Grunde die Geschichte einer „Mögen" (um nicht das Wort „Liebe" benutzen zu müssen) Geschichte/Beziehung.

Das Schulen, Therapieren, Fördern von Splitterfähigkeiten wie Wahrnehmung, Konzentration, Motorik, Kognition, Gedächtnis ist eine – das Gesamtkunstwerk Mensch – in Scheibchen zerlegende Herangehensweise, weil diese Konstrukte beim Menschen niemals isoliert vorkommen.

Ebensowenig lassen sich einzelne Sinnesfunktionen schulen, höchstens eine gewisse Fokussierung ist möglich, aber führt gleichzeitig eine analytisch-quantifizierende Erfolgs-Analyse ad absurdum. Unter der Überschrift: Das Problem der Effizienzüberprüfung schreibt KIPHARD (in: HUBER, 1990, S. 189ff): „Eine große Unbekannte ist weiterhin die Persönlichkeit desjenigen oder derjenigen, die die Förderstunden durchführt. Wir wissen bis heute noch nicht, was bedeutsamer ist: die Zusammenstellung und Aufbereitung der Lernangebote oder die spezifische Methode bzw. die Ausstrahlung der Therapeutin oder des Therapeuten." Ob KIPHARD mit „Ausstrahlung" energetische Prozesse meint?

Energetische Gravitations-, sprich Anziehungsprozesse sind u.E. wichtiger als „noch eine Übung". Die dialogische Begleitung und das Verschmelzen von **Ich** und **Du** (HUBER: Wo Ich ist, soll Du werden) sind die heilenden Kräfte im kindlichen Spiel. „**Was** wir wissen, gilt im allgemeinen für das Ergebnis unserer Erforschung der Wirklichkeit. ... **Wie** wir wissen, ist ein bereits viel schwierigeres Problem. Um es zu erforschen, muß der Verstand aus sich heraustreten und sich selbst sozusagen bei der Arbeit beobachten. Hier haben wir es also nicht mehr mit scheinbaren Tatsachen zu tun, die unabhängig von uns in der Außenwelt bestehen..." (WATZLAWICK in SEGAL, 1988, S. 29)

Was wir über Sinneswahrnehmung wissen, lehrt uns die Medizin, die Biologie, die Psychologie; das **wie** der Sinneswahrnehmung (Perzeption und Apperzeption) ist das neue Forschungsgebiet des Konstruktivismus, der uns zu neuen (psychophysiologisch-philosophischen) Erkenntnissen verholfen hat, da er die traditionellen akademischen Grenzen der einzelnen wissenschaftlichen Disziplinen durchbricht und der sog. „Fachidiotie" Gelegenheit zum grenzüberschreitenden Durchbruch bietet, ebenso wie die Chaos-Theorie und die Weiterentwicklung der Kybernetik.

Sich der Gleichgewichtsproblematik eines Kindes bewußt zu werden, impliziert, sich seines Bewußtseinsmodus klar zu werden.

Der Bewußtseinsmodus der HSB ist holistisch-kybernetisch-systemisch, ohne das Linear-analytische auszugrenzen – es wird nur in seine Schranken, d.h. in seinen Bedeutungsbereich verwiesen.

Kinder, die selbstregulierend ihren Gleichgewichtssinn stimulieren, versuchen, durch eine rapide Rotations-, Hin- und Her-Bewegung, durch Balancier-Rituale oder auch Fallbewegungen in sich einen psycho-physischen Zustand der Verwirrung (Chaos), des außer-sich-Seins hervorzurufen, um dadurch wieder <zu-sich-zu-kommen> besser bei-sich-zu-sein.

„ILINX. – Eine ... Kategorie faßt jene Spiele zusammen, die auf dem Begehren nach Rausch beruhen und deren Reiz darin besteht, für einen Augenblick die Stabilität der Wahrnehmung zu stören und dem klaren Bewußtsein eine Art wollüstiger Panik einzuflößen; es geht hier stets darum, sich in einen tranceartigen Betäubungszustand zu versetzen... . Rauschspiele müssen sich, um diesen Namen wirklich zu verdienen, unter genauer bestimmten, ihrem Endziel besser angepaßten Aspekten darstellen, einem Endziel, wie es das Hervorrufen einer leichten, vorübergehenden und infolgedessen angenehmen Verwirrung der Wahrnehmung und des Gleichgewichts ist." (CAILLOIS, 1982, S. 23)

Aus selbstregulativen – unbewußten – Gründen stimuliert das Kind seinen Gleichgewichts-**Sinn** und diese Stimulation hat **Sinn**.

In der Psychomotorik sind die Fragen nach **Sinn** – auch nach dem Sinn der Sinne – als Gegenmodell zu einer funktionalen Interpretation von Bewegungsabläufen und z.B. von MATTNER (1986, 1987) und PRECHTL (1986) diskutiert.

Kinder stimulieren ihren Gleichgewichts-Sinn so stark, daß sie sich u.U. erbrechen müssen oder doch zumindest ein Schwindel-Gefühl entsteht. Schwindel (es besteht ein etymologischer Zusammenhang zu **Schwingen** und ein englischer ist „swing" die Schaukel) – was ist das? Er trägt offenbar zur Ausbalancierung von Ungleichgewichtszuständen bei. – „Ich fühle mich – also bin ich." Gerade kreisförmige, rhythmische Bewegungen wirken sich auf alle Körperflüssigkeiten aus und der menschliche Körper besteht zu ca. 90% aus Flüssigkeit. Als Reaktion auf Bewegung senden die Haarzellen der statolithischen Organe Signale direkt an das Kleinhirn. Auch der andere Teil des Orientierungssystems im Innenohr, die Bogengänge, enthalten Flüssigkeit; auch die in diesen Gängen entstehenden Signale werden direkt an das Kleinhirn geleitet.

Das Kleinhirn reguliert Bewegung, Gleichgewicht, Balance und andere motorische Aktivitäten und ist durch ein direktes Netz von Fasern mit dem limbischen System verbunden. Das Cerebellum scheint ein guter „Eingang zum Emotionsschaltkreis des Gehirns" (HOOPER/TERESI, 1988, S. 193) zu sein.

„Die Stimulierung von genau zwölf Zentimetern seiner blumenkohlähnlichen Oberfläche zündet automatisch die Freudenregion und hemmt die Wutzentren, und so war es nicht mehr nötig, in die limbischen Regionen weiter vorn im Gehirn einzudringen."

Die in diesem Buch referierten Untersuchungsergebnisse von Robert G. HEATH lassen die Hypothese zu, daß die Suche nach vestibulärer Stimulation den **Sinn** hat, „Freude", sich-fühlen und dissipative Strukturen zu initiieren. Der Entzug von sensorischer Aktivität hat danach schädlichen Einfluß auf das Endorphinsystem (eine offensichtlich chemische Freudenbahn).

„In Fällen extremen sensorischen Entzugs – das ist Berührung und Bewegung – entwickeln Gehirnsysteme, die normalerweise Freude vermitteln, sich überhaupt nicht." (HOOPER/TERESI, 1988, S. 216)

Doch vergessen wir bei einer holistischen Betrachtungsweise nie, daß es keine wirklichen Zentren im Gehirn gibt, in denen das und das beheimatet ist. Die Tatsache, daß das Verletzen, Stimulieren oder eine Läsion eines Zentrums oder einer Bahn Wut, Freude oder Angst auslösen kann, bedeutet nicht, daß die Emotionen in diesem Gewebe „wohnen". Die Entfernung der Leber – bzw. eines Teils der Leber – deprimiert, doch die Depression sitzt nicht in der Leber.

Hyperkinese als Selbstregulation?

Kinder schlagen Räder, machen Purzelbäume, Balancieren, wo immer es geht rollen sie Abhänge hinunter, sind glücklich, wenn sie auf dem Jahrmarkt ins Karussell dürfen und überschütten die Nerven im Innenohr mit Stimulation bei der Achter-Bahn-Fahrt, so daß ein ekstatisches Gefühl hervorgerufen wird.

Bewegung und gerade auch vestibuläre Stimulation ist „Brain-Building" par excellence. Beeindruckend ist die Versuchsreihe von David CLARKE, der Mitte der siebziger Jahre sogenannte „normale" Kinder und solche mit dem Down-Syndrom und Hyperkinesen in einen Spezialstuhl setzte, der sich um sich selbst drehte und zwar mit einer maximalen Wirkung auf die Bogengänge. „Normale" Kinder, die diese Drehbehandlung erhielten, entwickelten schneller als nicht behandelte Balance und Koordination. Die mongoloiden Kinder erlebten eine im Vergleich zueiner Kontrollgruppe sehr rasche Entwicklung ihrer motorischen Fähigkeiten." (CLARKE, 1977, S. 1228-1229)

Auch der Neuropsychologe James PRESCOTT glaubt, daß die Nervenbahnen zwischen Vestibulärapparat und Kleinhirn, die das Gleichgewicht über die Registrierung der Schwerkraft regeln, eine wesentliche Rolle bei der Entwicklung normalen sozialen Verhaltens und auch der Gehirnentwicklung spielen. Bewegungsmangel könnte seiner Ansicht nach der kritische Faktor bei sozialem Rückzugsverhalten sein, da hierdurch der Vestibulärapparat reizdepriviert wird. „Bewegungsmangel führt zu einer Gehirnabnormität – einem Verlust dendritischer Verbindungen im Kleinhirn." (PRESCOTT in: Brain/Mind Bulletin 5, No. 20, 1980)

„Wissen" Kinder intuitiv, was gut für sie ist – psychisch-physisch? Die natürlichen Bewegungsimpulse unserer Kinder lassen es vermuten.

Chinesische Legende

Von Meng Hsiä wird berichtet: Als ihm zu Ohren kam, daß neuerdings die jungen Künstler sich darin übten, auf dem Kopfe zu stehen, um eine neue Weise des Sehens zu erproben, unterzog Meng Hsiä sich sofort ebenfalls dieser Übung, und nachdem er es eine Weile damit probiert hatte, sagte er zu seinen Schülern: „Neu und schöner blickt die Welt mir ins Auge, wenn ich mich auf den Kopf stelle."

Dies sprach sich herum, und die Neuerer unter den jungen Künstlern rühmten sich dieser Bestätigung ihrer Versuche durch den alten Meister nicht wenig.

Da dieser als recht wortkarg bekannt war und seine Jünger mehr durch sein bloßes Dasein und Beispiel erzog als durch Lehren, wurde jeder seiner Aussprüche beachtet und weiter verbreitet.

Und nun wurde, bald nachdem jene Worte die Neuerer entzückt, viele Alte aber befremdet, ja erzürnt hatten, schon wieder ein Ausspruch von ihm bekannt. Er habe, so erzählte man, sich neuestens so geäußert: „Wie gut, daß der Mensch zwei Beine hat! Das Stehen auf dem Kopf ist der Gesundheit nicht zuträglich, und wenn der auf dem Kopf Stehende sich wieder aufrichtet, dann blickt ihm, dem auf den Füßen Stehenden, die Welt doppelt so schön ins Auge."

An diesen Worten des Meisters nahmen sowohl die jungen Kopfsteher, die sich von ihm verraten oder verspottet fühlten, wie auch die Mandarine großen Anstoß. „Heute", so sagten die Mandarine, „behauptet Meng Hsiä dies, und morgen das Gegenteil. Es kann aber doch unmöglich zwei Wahrheiten geben. Wer mag den unklug gewordenen Alten da noch ernst nehmen?"

Dem Meister wurde hinterbracht, wie die Neuerer und wie die Mandarine über ihn redeten. Er lachte nur. Und da die Seinen ihn um eine Erkläung baten, sagte er: „Es gibt die Wirklichkeit, ihr Knaben, und an der ist nicht zu rütteln. Wahrheiten aber, nämlich die in Worten ausgedrückten Meinungen über das Wirkliche, gibt es unzählige, und jede ist ebenso richtig wie sie falsch ist."

Zu weiteren Erklärungen konnten ihn die Schüler, so sehr sie sich bemühten, nicht bewegen.

Hermann Hesse aus: Die Kunst des Müßiggangs, (c) Suhrkamp Verlag Frankfurt a.M. 1973
„Chinesische Legende" S. 357-358

Hyperaktivität

Schaukeln als dissipative Struktur: Das Ritual des Hin und Her

„Hyperaktivität als klinisches Syndrom bezeichnet eine Verhaltensstörung im **Kindesalter**, die durch eine verkürzte Aufmerksamkeitsspanne, niedrige Frustrationstoleranz, impulsives Verhalten und exzessive motorische Aktivität gekennzeichnet ist.

Häufig wird auch die präzisere Bezeichnung 'hyperkinetisches Syndrom' verwandt.

Dieser Symptomkomplex führt meist dazu, daß die Kinder in der Schule auffällig werden, in der Leistung absinken (bei durchschnittlicher Intelligenz) und für die Familie zur Belastung werden. Man schätzt, daß das hyperkinetische Syndrom bei 3 % aller Kinder anzutreffen ist.

Die physiologisch orientierten Ansätze gehen von drei unterschiedlichen Standpunkten zur Erklärung der erhöhten motorischen Aktivität aus:

1. Ein Defizit kortikaler Hemmungsmechanismen führt zu überschießendem Bewegungsdrang.

2. Aufgrund eines tonisch generell übererregten zentralen und somatischen Nervensystems kommt es zu exzessiver motorischer Aktivität und zu schlechter Koordination bei psychomotorischen Leistungen.

3. Es liegt ein Zustand der Untererregung vor, wobei der Organismus über kompensatorisches Reizsuchverhalten und Vermehrung propriozeptiver Reize einen Anstieg des Aktivierungsniveaus anstrebt.

Die letztere Theorie kann die positive Wirkung stimulierender Drogen (meist Amphetamine) auf das Verhalten vieler hyperkinetischer Kinder erklären: Durch die medikamentöse Erhöhung der Aktiviertheit erübrigt sich das reizsuchende Verhalten." (SCHANDRY, 1989, S. 297/8)

„Hyperaktivität – Diese Verhaltensstörung ist gekennzeichnet durch eine zwanghafte Reaktion, die das Kind weder in geordnete Bahnen lenken noch völlig abschalten kann. Als Ursache wird eine frühkindliche Hirnschädigung vermutet, gekennzeichnet durch ständige Übererregung des Zentralen Nervensystems. Dies hat eine mangelnde Koordination der neuronalen Prozesse zur Folge. Als kompensatorisches Verhalten auf fehlende Stimulation zeigt das Kind gesteigerte Erregbarkeit und verstärkte physische Aktivitäten, die weder zweckmäßig noch zielgerichtet sind. Das Verhalten des Kindes ist nicht in einem Reiz-Reaktions-Muster auf bestimmte Situationen zu verstehen, sondern hat mit dem eigenen Empfinden des Kindes zu tun." (KESPER/HOTTINGER, 1992, S. 100)

„**Überaktivität und Ablenkbarkeit**. Da sie so auffallend und unharmonisch wirkt, ist die Überaktivität oder Zappeligkeit häufig das erste Zeichen einer Störung der sensorischen Integration, das den Eltern auffällt. Es stellt auch die hauptsächliche Ursache, sich zu beklagen, dar. Das Kind ist praktisch die ganze Zeit über in Bewegung. Es pflegt zu rennen, anstelle zu laufen, und viele seiner Aktivitäten sind nicht zweckmäßig. Still zu sitzen und sich auf irgend etwas zu konzentrieren, ist nahezu unmöglich.

Ablenkbarkeit ist ein Hauptproblem in der Schule... . So lange ein Gehirn Sinneseindrücke und motorische Handlungen nicht richtig ordnen kann, ist es ebensowenig in der Lage, einen Schrank, der voll von Kleidern ist oder einen Ranzen mit Büchern, Heften und Bleistiften in Ordnung zu halten." (AYRES, 1984, S. 79/80)

Dissipative Strukturen, Chaos und Selbstorganisation

Nur offene Systeme, um diesen technokratisch anmutenden Begriff zu benutzen, sind lebensfähige Systeme.

Der Mensch ist eine „offenes System", das in einem permanenten Austauschprozeß steht, wobei die Grenzziehung mehr oder weniger willkürlich geschieht.

Nun sagen die Gesetze der Wahrscheinlichkeit und der zweite Hauptsatz der Wärmelehre, daß ein abgeschlossenes System von alleine immer nur in Richtung Un-Ordnung streben kann, oder, physikalisch ausgedrückt, daß seine Entropie nur zunehmen kann.

„Die innere Ordnung eines Systems, seine Organisation und damit seine Lebensfähigkeit können also nur entstehen und aufrechterhalten werden, wenn seine Entropie absinkt. Wir sind gewohnt, all das, was wir genauer studieren wollen, als abgeschlossene Einheit zu untersuchen. Das führt dann zu einem mechanistischen Modell, wie es in vielen Fällen, etwa in der Technik, so wunderbar funktioniert. Für die Erfassung eines lebendigen Systems geht das jedoch völlig daneben." (VESTER, 1988, S. 29)

Jeder Mensch ist ein offenes System und steht im Austausch mit anderen.

„Daß wir dennoch immer wieder glauben, das System, in dem wir leben, sozusagen von außen steuern zu können, ist wohl ... ein Überbleibsel jenes Denkfehlers, wir hätten es mit geschlossenen Systemen zu tun, mit Maschinen, die man von außen mit einem Programm steuern könne, ohne daß dieses Programm selbst davon beeinflußt würde.

In Wirklichkeit sind aber Steuermann und Programm auch immer selbst Teile des Systems. Hiermit rühren wir an ein weiteres, wesentliches Prinzip aller lebenden Systeme." (VESTER, 1988, S. 30/31)

Die Frage nach dem Sinn und Ziel von Perzeption und Apperzeption ist die Frage der HSI.

Betrachten wir die sensorisch-motorischen Aktivitäten eines Kindes unter dem Gesichtspunkt der Selbstorganisation/Selbstregulation, dann wird das permanente Schaukeln des Kindes verständlicher – sinn-voller – als wenn wir es mit der Brille der mechanistischen Reiz-Reaktions-Muster betrachten.

Selbstorganisation bedeutet nicht autonome, isolierte Organisation. Damit sich ein Mensch organisieren kann, muß Energie von außen fließen.

Daher ist es von großer Bedeutung, daß die Therapeutin eine 3/4 Stunde neben der Schaukel steht.

Menschen besitzen eine weitgehende Autonomie, diese ist einer der Gründe für die bemerkenswerte Selbstheilungsfähigkeit des „Systems" Mensch.

Der Therapeut kann durch adäquate Angebote oder im Sinne der Selbstregulationsfähigkeit durch ein Sich-zurück-nehmen die Bedingungen für die Möglichkeit einer Selbstorganisation herstellen.

Therapie (z.B. HSB) bedeutet entsprechend die Schaffung von Bedingungen für die Möglichkeit von Selbstorganisation auf verschiedenen Emergenzebenen eines komplexen „Systems" in einem als „Therapie" definierten Setting.

(Emergenz: Höhere Seinsstufen entstehen durch neu auftauchende Qualitäten aus niederen)

Therapeutische Interventionen werden primär auf der energetisch-kommunikativen Austauschebene vermittelt.

„Therapie unter Bedingungen der Selbstorganisation läßt sich eher mit DÖRNERS (1976) prozeßbetonter Variante des dialektischen Problemlösens vergleichen. Zielzustände sind hier nicht vorab festgelegt, sondern werden erst im Laufe handlungsgebundener Feedbackschleifen deutlich. Das Anstreben von Zielen wird damit nicht sinnlos, es erhält in diesem Rahmen vielmehr eine andere Funktion. Ziele bieten Perspektiven und damit motivationalen Anreiz.

Die Formulierung von Teilzielen kann den therapeutischen Prozeß übersichtlicher und durchschaubarer machen. Für den Praktiker ist es zunächst gewiß nicht leichter, wenn man seine Arbeit als Begegnung selbstorganisierender ...Systeme konzeptualisiert. Kann man aber damit die trivialisierenden Entwürfe der Realität bisheriger Ansätze vermeiden, wird die Gesundheitsarbeit in Zukunft vielleicht mehr Erfolg haben." (BÖSE/SCHIEPEK, 1989, S.141/2)

Ordnung und Organisation entstehen nicht *t r o t z* UnOrdnung; Leben geht *a u s* Entropie hervor und steht ihr nicht entgegen, mein Ilya PRIGOGINE. PRIGOGINE machte deutlich, daß lebende Systeme immer offene Systeme sind, die durch Materie/Energie mit der äußeren Umgebung stets im Austausch sind.

Dieses ist uns hinsichtlich physikalisch-physiologischer Vorgänge wie der Aufnahme von Nahrung, Sauerstoff, Licht, Information und der „Abgabe" von Kohlendioxyd, Wärme, Kot etc. bekannt.

Wir nennen diesen Prozeß, nach dem geordnete Strukturen ein unvermeidliches Produkt von *g l e i c h g e w i c h t s f e r n e n* Zuständen sind, das Erreichen von Ordnung durch „Fluktuation".

(lat. fluctuare: wogen, wallen; fluere: fließen)

Die daraus entstehenden Strukturen nannte PRIGOGINE „dissipative Strukturen". (lat. Dissipation: Zerstreuung, Zerteilung; dissipieren: umwandeln) Für diese bahnbrechende Theorie bekam PRIGOGINE 1977 den Nobelpreis.

Das „System Mensch" ist nicht einfach eine vorhandene Struktur in einem homöostatischen Gleichgewichtszustand, sondern ständig in einem auf und ab von Gleichgewicht – Ungleichgewicht = Ordnung – UnOrdnung.

Kosmos = Ordnung

Chaos = Unordnung

das wohlgeordnete All

das ungeformte All

Kosmos und Chaos wechseln sich ab auf dem Weg zur Negentropie und bekanntlich ist der Weg das Ziel.

Der Mensch (das „System Mensch") hat nicht Energie/Materie – er/es ist ein fließendes Energie-Materie-Gebilde.

Aus dem Chaos – aus dem gleichgewichtsfernen Zustand – geht eine Struktur höherer Ordnung hervor – eine dissipative Struktur.

„PRIGOGINES Auffassung, daß das Universum als dissipative Struktur zu sehen sei, ersetzt die mechanistische Vorstellung des Kosmos als einer Welt von 'Dingen' durch eine Welt von 'Prozessen'... PRIGOGINES Ideen haben eigentlich auf alle Bereiche menschlichen Strebens und Forschens Einfluß genommen... . Die Theorie dissipativer Strukturen macht deutlich, daß Perioden, in denen Instabilität, Verwirrung, Aufruhr, Zusammenbruch und Chaos walten, nicht als absolut unheilvoll anzusehen sind, sondern statt dessen als unabdingbare Phasen, die jede Struktur durchmachen muß, um sich zu höheren Komplexitäten zu entwickeln. ... Prigogines Einsichten in die Wirkungsweise dissipativer Strukturen sollten uns daher wichtige, neue Informationen über die Funktionsweise des Gehirns verschaffen. Und... PRIGOGINES Theorie vermittelt uns zwingende Gründe anzunehmen, daß, durch angemessene Zugabe von Energie, das Gehirn destabilisiert werden kann, inneren Schwankungen unterworfen wird, die sich ausdehnen können, bis sich die Struktur spontan verändert, so wie ein Kaleidoskop plötzlich ein neues Muster zeigt, und das Gehirn sich selbst automatisch einen neuen Zustand gibt: ordentlicher, verständlicher, komplexer, höher entwickelt als zuvor." (HUTCHISON, 1989, S. 66ff)

Im Sinne der dissipativen Selbstorganisation (als chaotischer Umwandlungsprozeß) mit Tendenz zur Negentropie/Syntropie erzeugt das hyperaktive Kind demzufolge den Reiz des Hin-und-Her, um seine korticalen Prozesse durch destabilisierte, chaotische, selbst-heilerische Interventionen zu emergenten „Ergebnissen" – die natürlich vorübergehender Natur sind – zu bringen. Auf der Suche nach psychisch-somatischem Gleichgewicht versetzt es sein physiologisches Gleichgewicht in einen -temporären- Un-Gleichgewichtszustand.

PRIGOGINES *„dissipative Strukturen"* erklären den Übergang von einem *G l e i c h -
g e w i c h t s s y s t e m* in ein anderes.

Sie beruhen auf dem Prinzip des fortgesetzten *p o s i t i v e n* Feedbacks, d.h., der ständig wiederholten Verstärkung ganz bestimmter Reaktionen bis zu einem schließlichen Umschlagpunkt.

Dieser Umschlagpunkt kann einen Gleichgewichtszustand auf höherem Niveau bedeuten, er kann aber auch „Untergang" bedeuten.

Prigogines Arbeiten lieferten den experimentellen Beweis für bis dahin intuitive Erkenntnisse, daß im Gegensatz zum zweiten thermodynamischen Grundgesetz, das heißt, dem Konzept der unvermeidlich zunehmenden Unordnung (dem bekannten „Entropietod der Welt"), aus Gleichgewichtszuständen niederer Ordnung solche von höherer Komplexität entstehen können.

Der Mensch als Maschine war als „geschlossenes System" gedacht; der systemisch-kybernetische Ansatz sieht den Menschen als Organismus, als „offenes System" mit dissipativen Strukturen.

Fern vom Gleichgewichtszustand auftretende Phänomene sind bei Neuronenpopulationen und beim Codieren von **Sinneseindrücken** nachgewiesen worden.

Heute ist es ein Gesetz, daß weit vom Gleichgewicht entfernte Zustände im nichtlinearen Bereich Strukturen hervorbringen: **Ordnung aus dem Chaos schaffen.**

Ordnung und ein höheres Niveau entstehen also *wegen* und nicht trotz der Unordnung.

Lebende Systeme sind immer *offene* Systeme, die durch Materie und Energie mit der äußeren Umgebung stets im Austausch sind.

Der Körper eines Menschen ist nicht einfach eine von vornherein vorhandene Struktur, durch die Energie und Materie in Form von Nahrung, Sauerstoff etc. hindurchgehen – der Körper des Menschen *ist* als Struktur buchstäblich diese Energie und diese Materie: Dissipative Strukturen sind ein einziges *Fließen*.

Panta rhei (griech.: alles fließt): Es gibt kein bleibendes Sein. HERAKLIT zugeschriebener Grundsatz, nach dem das Sein als ewiges Werden, ewige Bewegung gedacht wird.

Fluktuationen in einer dissipativen Struktur können innerhalb bestimmter Grenzen aufgefangen werden, ab einem Punkt wird die „Unordnung/das Chaos" allerdings so groß, daß es nicht mehr „*geheilt*" werden kann: Die Struktur wird immer instabiler.

Das System kann auf ein niedrigeres Niveau abgleiten oder sogar ganz zerfallen. (Analogie: Der menschliche Körper schafft Antikörper bei einer Infektion).

Übersteht ein System diese „Erschütterung", geht ein transformiertes System aus ihm hervor. Das System ist durch/mit die/der dissipativen Struktur „in eine höhere Ordnung geflüchtet". Das System ist nach dem Sprung auf eine höhere Ordnung komplexer und differenzierter als zuvor und damit auch anfälliger für Chaos, Zusammenbrüche.

Die Theorie der dissipativen Strukturen läßt Chaos, Unordnung, Verwirrung, Krise etc. in einem neuen Licht erscheinen: Als Chance für ein höheres Niveau der Wahrnehmung, Empfindung, Vernunft etc. Allerdings beinhalten sie auch am

Gabelungspunkt die Möglichkeit des Abgleitens oder sogar des völligen Zusammenbruchs und des „Todes".

Genie und Wahnsinn liegen bekanntlich dicht beieinander.

Die schöpferische Krise kann in der Psychiatrie enden oder mit Weltruhm quittiert werden.

Rückkoppelungen/Feedback = negativ und positiv

„Die Systemtheorie entstand, und war auf technische Systeme ebenso anwendbar, wie auf biologische. Sie sagt ganz allgemein, daß selbständige Teilsysteme nur dann auf die Umwelt mit einem 'anpassungsfähigen Verhalten' reagieren können, wenn sie einen inneren (Selbstregulation) oder äußeren (Steuerung) Kontrollmechanismus besitzen. Jeder Regelkreis ist ... zunächst einmal ein in sich geschlossener ständiger Kreislauf von Informationen. Er besteht im engeren Sinne nur aus zwei Dingen: zum einen der zu regelnden Größe (z.B. der Konzentration eines Hormons im Blut, der Körpertemperatur ...) man nennt sie Regelgröße – und zum anderen dem Regler, der sie verändern kann". (Vester, 1984, S. 59)

Auch das Senso-Motorische-System des Menschen ist auf den ersten Blick ein geschlossenes System, auf den zweiten jedoch ein offenes.

Die zu regelnde Größe wäre im Rahmen der SI/HSB z.B. die Durchlässigkeit der In-puts über die afferente Leitungsbahn ins Gehirn und der Formation reticularis (Regler/Meßfühler).

Das System ist mit sich selbst rückgekoppelt wie in unserem Fall durch den Begriff der Senso-Motorik schon angedeutet wird, der sich auch in Kreisform als Senso-Motorik-Senso-Motorik-Senso-Motorik-Senso-Motorik zirkulär endlos fortsetzen könnte.

Beim menschlichen Nervensystem ist der Zusammenhang mit der Außenwelt besonders deutlich und auch die Rückkoppelungsmechanismen.

• Negative Rückkoppelung / Negatives Feedback

(negativ darf in diesem Zusammenhang nicht negativ bewertet werden)

Ist ein Wert im Regelsystem zu hoch, wird dieser erniedrigt; ist ein Wert zu niedrig, wird er erhöht: Diese **Selbst-Regulation** wird negative Rückkoppelung genannt. Bekanntestes Beispiel aus dem Alltag ist der Thermostat zur Regulierung der Heizung.

Im Falle der SI/HSB würden eine Fazilitation, eine Inhibition, ein Hypotonus durch negative Rückkoppelung reguliert, sofern das „System Mensch" nicht selbstorganisatorisch „gestört" ist, bzw. die heilenden Kräfte im kindlichen Spiel (ZULLIGER) noch vorhanden sind.

• Positive Rückkoppelung / Positives Feedback

Wenn die Rückkoppelung in gleicher Richtung läuft, wird dieser Vorgang positive Rückkoppelung genannt – und positives Feedback ist zur Erreichung eines höheren Niveaus unbedingt erforderlich. Wird das System allerdings in einer Richtung weiter „aufgeschaukelt", kann es auch zu einem – endgültigen – Zusammenbruch kommen.

Positives Feedback ist also unbedingt notwendig für dissipative Strukturen und allgemein für „das Laufen der Dinge", „das Werden und Vergehen".

Positives Feedback sollte immer nur vorübergehend sein, letztlich muß das System immer der übergeordneten negativen Rückkoppelung gehorchen, wenn es überleben und sich weiter entwickeln will.

Sinn der Sinne / Sinn der Aktivität

Paradigmenwechsel:

von:	*hin zu:*
Der Mensch als physiologische Reiz-Reaktions-MASCHINE.	Der Mensch als Sinn-suchendes, Selbst-organisierendes Individuum („offenes System").

Wechsel der Vorstellung:

von: *hin zu:*

Der Materie als der einzigen Realität.   Der Einbeziehung von Geist/Bewußtsein/Kommunikation/Sinn (der Sinne).

Fazilitation

SI: AYRES (1984, S. 256)

„Bahnung: Ein Nervenprozeß, welcher die Übertragung von Reizimpulsen und die Reaktion auf diese Impulse verbessert."

Inhibition

SI: AYRES (1984, S. 257)

„Hemmung: Ein Nervenprozeß, der die Nervenreizübertragung in vestibulären Synapsen hemmt, so daß einige der Nervenreize nicht übertragen werden können. Die Inhibition hat eine wichtige Bedeutung, indem sie überschießende Nervenaktivitäten herabsetzen kann."

Es ist heute, im Zeitalter und angesichts des Zeitgeistes der Chaostheorie und des Konstruktivismus nicht mehr opportun, die Un-Ordnung aus der Sicht der Ordnung zu sehen, zu analysieren und zu interpretieren. Die Chaostheorie sagt aus: „Chaos ist eine subtile Form der Ordnung".

Eine Rückkoppelungsschleife (Iteration durch stetige Wiederaufnahme und Wiedereinbeziehung von allem, was vorher war – also Rückbezüglichkeit), die eben das Chaos (die Ordnung) erzeugte, führt nun – temporäre – Regelmäßigkeit (oder Chaos) herbei, Chaos und Ordnung scheinen die beiden Seiten einer Medaille zu sein.

Wie kommt es zum Aufwallen von Chaos und zur Offenbarung jener zwischen Chaos und Ordnung existierenden Ganzheit?

Offenbar durch Iteration.

Die Wiederaufnahme und Wiedereinbeziehung – die Selbst-/Rückbezüglichkeit scheint ein der Natur immanentes Prinzip der Erhaltung von Stabilität und der Erreichung dissipativer Strukturen zu sein.

Das Phänomen der Iteration zeigt, daß Stabilität – Restabilität/Chaos – Ordnung/ Gleichgewicht – Ungleichgewicht nur scheinbare Gegensätze, eigentlich Spiegelbilder voneinander sind.

„A. Eine gewalttätige Ordnung ist Unordnung.
B. Eine große Unordnung ist Ordnung.
Die zwei Dinge sind eins", sagt W. STEVENS in „Connoisseur of Chaos".

Wenn wir die neue Brille der Chaostheorie aufsetzen und sog. SI-Phänomene betrachten, so wird deutlich, daß auch sie sehr gut zu den anderen Entdeckungen unseres Jahrhunderts – der Relativitätstheorie, der Quantenmechanik, des Konstruktivismus, der Kybernetik etc. – paßt, die ja ebenfalls die Abhängigkeit des Beobachters mit dem Beobachteten erkannt haben. Quantitatives Messen und auch qualitatives „Gucken" werden relativ, so wie die Zeit zur Bewegung des Beobachters relativ ist.

„Aussage der Quantenphysik ist, daß ein physikalisches Objekt so lange in dem metarealen Zustand einer 'Wahrscheinlichkeitswelle' verharrt, bis es durch Wechselwirkung mit einem Sensor (... Auge und anderen Sinnesorganen) in eine bewußtseinsgestaltende Energieform übergeführt wird. Erst die Beobachtung mit Hilfe der sogenannten 'Sensoren' läßt die im Zustande der Unbestimmtheit verharrende Welt zu Wirklichkeit kondensieren. Stellen Sie sich eine Digitalschallplatte vor, auf dieser ist, um ein einfaches Beispiel zu nennen, der RADETZKYmarsch in Form eines Strichmusters – digital eben – enthalten. Von Musik keine Spur. Sodann wird die CD-Platte in einem Spielgerät abgespielt und das Strichmuster wird in eine Folge elektrischer Impulse umgewandelt, auch noch keine Musik. Diese elektrischen Impulse werden schließlich im Radiosender in eine elektromagnetische Welle transformiert und diese eilt durch den Raum, aber auch jetzt: weder Radetzky noch Marsch.

Erst wenn die Welle auf einen Empfänger trifft und in diesem Empfänger die Lautsprechermembran in Schwingungen versetzt und diese Schwingungen auf unser Trommelfell treffen und von da an in elektrische Impulse verwandelt werden – erst jetzt ertönt das beliebte dada-tam dada-tam dadatamtamtam, erst jetzt ist die Welt des Radetzkymarsches realisiert.

Und wenn es keinen Radioempfänger gäbe, wäre sie das in alle Ewigkeit nicht und die elektromagnetische Welle müßte ruhelos um die Welt eilen, wie weiland der Fliegende Holländer über die sieben Meere.

Also: Wir aktualisieren das Universum, wir machen es zur Realität." (GUTTMANN, BESTENREINER, 1991, S.64/65)

Ist es eine bösartige Extrapolation, wenn wir annehmen, daß wir mit unserem Bewußtsein das hyperaktive Kind „realisieren"? Schwankt das Kind in einem Zustand zwischen motorischem Chaos und motorischer Ordnung hin und her, so wie das Herz des Kindes – wie das Herz aller Menschen – im Grenzbereich zwischen Ordnung und Chaos schwankt? Der Herzschlag folgt einem fraktalen Rhythmus (fraktal = Gesetzmäßigkeiten und Chaos wechseln sich ab).

Wenn Herzschlag und Atemrhythmus allzu regulär werden, so kann das zu Herzversagen durch Stauung oder bei allzu aperiodischem Rhythmus kann das Flimmern zu einem Herzanfall führen.

Der Erschöpfungs- oder Apathiezustand nach einem hyperkinetischen „Ausbruch" ist die Kehrseite der Medaille, das Spiegelbild der Hyperaktivität und beide Teile sind Teile des Ganzen und beinhalten das Ganze; Widersprüche beinhalten ebenfalls auch das andere. „Auf der einen Seite des Spiegels fällt das geordnete System der Anziehungskraft des Chaos zum Opfer; auf der anderen Seite entdeckt das chaotische System das Potential attraktiver Ordnung in seinen eigenen Wechselwirkungen." (BRIGGS/PEAT, 1990, S. 186)

„Das kann ich alles nicht glauben!" sagte Alice in Lewis CARROLLS „Alice hinter den Spiegeln" „Nein?" sagte die Königin mitleidig, „versuch es noch einmal: tief Luft holen, Augen zu" Alice lachte. „Ich brauche es gar nicht zu versuchen," sagte sie. „Etwas Unmögliches kann man nicht glauben."

„Du wirst darin eben noch nicht die rechte Übung haben," sagte die Königin. (TOBEN)

Im großen Abstand vom Gleichgewichtszustand liegt die Möglichkeit von Selbstorganisation und Selbstdissipation, Strukturen durch Chaos; der kritische Punkt ermöglicht einen neuen Zustand. Weit vom Gleichgewicht entfernt kann aus Chaos Ordnung werden. Verliert das Wort **Chaos** seinen Schrecken?

Chaos als **Chance** – lautet die Devise der Chaostheorie und so bringt diese Theorie das Aha-Erlebnis auf den Punkt, das jeder aus eigener Erfahrung – aus Erfahrung mit seinem Selbst – kennt.

Chaotische Zustände werden von uns in der Regel selbstregulierend organisiert: Durch Kunst(-betrachtung), kreativen Ausdruck, Joggen, Schreiben, Weinen, Trinken etc. Das hyperkinetische Syndrom gilt als Verhaltensstörung im Kindesalter, die Erscheinungsformen bei Erwachsenen werden anders benannt; aber Erwachsene versuchen in der Regel, sich dem Blickfeld und der Analyse anderer zu entziehen wenn sie „chaotisch" sind.

In großer Entfernung vom Gleichgewicht können sehr kleine Effekte verstärkt werden, positive Rückkoppelungsschleifen verstärken. Der Pädagoge, die Therapeutin ist da, um eine positive Rückkoppelung der permanenten Aufschaukelung in die selbstregulierenden Prozesse der negativen Rückkoppelung zu begleiten.

Zeitlupenfilme von pädagogisch-therapeutischen Interaktionen machen das autopoietische Paradox deutlich. Diese Videos bzw. Filme zeigen den subtilen Austausch – den Tanz – zwischen dem Kind/Klienten und dem Pädagogen/Psychologen/Therapeuten. Es ist ein rhythmisch-energetisches Hin-und-Her, Vor-und-Zurück, so, als arbeite ein unsichtbarer Choreograph an seinem Werk. Der Betrachter entwickelt das Gefühl des eigentlich nicht mehr trennen könnens der beiden Individuen.

Der Kommunikationsprozeß enthüllt die raffinierte energetische Verflechtung aller beteiligten „System-Strukturen".

Was sind autopoietische Systeme, diese paradoxen Geschöpfe, die einerseits autonom sind und sich selbst erneuern und andererseits offene Systeme und damit unentwirrbar mit der Umwelt verflochten sind?

Autopoietische Strukturen haben Grenzen – so wie die Haut als Grenze des menschlichen Körpers definiert wird – aber diese Grenzen sind zugleich offen und verbinden das eine Individuum mit einer unvorstellbaren und letztlich noch nicht erforschten Komplexität mit allen anderen „Systemen".

Das Konzept der Autopoiese (gr. autos = Selbst, poien = machen) wurde Anfang der 70er Jahre von MATURANA und VARELA eingeführt. Das Ziel der beiden chilenischen Neurophysiologen war, „die Organisation lebender Systeme zu erklären, indem jede Organisationsform beschrieben wird, die ein System als eine autonome Einheit konstituiert, welche im Prinzip alle für lebende Systeme charakteristische Phänomene generieren kann. ..." (MATURANA, 1982, S. 141)

In bezug auf Energie und Materie ist ein autopoietisches System auf ständigen Austausch mit der Umwelt angewiesen, also offen.

MATURANA selbst möchte das Konzept der Autopoiese nur auf Lebewesen 1. Ordnung (Zellen) oder 2. Ordnung (biologische Organismen) angewendet sehen. LUHMANN (1984) baut dagegen auf dem autopoietischen Begriff eine allgemeine Theorie auf und wendet ihn auf selbstregulierende Systeme an.

Die verschiedenen Arten autopoietischer Systeme unterscheidet LUHMANN nach dem Vollzug ihrer grundlegenden basalen Operationen. Diese Operationen sind zirkulär vernetzt, führen also auf sich selbst zurück (Kybernetik).

„Im menschlichen Bewußtsein verweisen Gedanken auf Gedanken, in sozialen Systemen schließt Kommunikation an Kommunikation an. Unter diesem Blickwinkel betrachtet WILLKE therapeutisches Arbeiten als Anleitung zur Selbststeuerung. Therapie als Schaffung von Bedingungen für die Möglichkeit von Selbstorganisation." (BÖSE/SCHIEPEK, 1989, S. 23ff)

„Ganz ähnlich entstehen auch unsere intimsten Gedanken und Gefühle aus ständiger Rückkoppelung aus dem Durchfluß der Gedanken und Gefühle anderer, die uns beeinflußt haben. Unsere Individualität ist ganz entschieden Teil eines kollektiven Vorgangs. An der Wurzel dieses Vorgangs stehen Rückkoppelungen." (BRIGGS/PEAT, 1990, S. 231)

Das Kind heilt, organisiert sich selbst, aber im Austausch mit seinem Begleiter. Die Diagnostik „Hyperaktivität/hyperkinetisches Syndrom" ist menschliches Erkennen und muß folglich als ein von dem Beobachter konstruierter Prozeß der Wirklichkeitserfassung und Interpretation verstanden werden.

WATZLAWICKS „Man kann nicht nicht erkennen" befreit uns nicht von der Erkenntnis unserer Teilnahme am Beobachtungsvorgang und damit der Diagnostik. Wir sollten uns zumindest der Theorie/der Brille/unseres Selbstbewußtseins bewußt werden, das uns diagnostizieren läßt.

„Der vorliegende Versuch, Diagnostik und Therapie als rekursives System zu konzeptualisieren, schließt den Glauben an Diagnostik als eine Abbildung der Wirklichkeit aus. Diagnostik bildet nicht ab, sie konstruiert Wirklichkeit. Jeder daran Beteiligte orientiert sich dazu selbstreferentiell innerhalb seines operational abgeschlossenen kognitiven Bereiches." (BÖSE/SCHIEPEK, 1989, S. 145)

Wir nehmen ein hyperaktives Kind wahr, weil wir in den Prozeß der Hyperaktivität eingebunden sind; wir konstruieren mit dem Kind Hyperaktivität. Wo ist nun unser Anteil daran?

„Eine ... durch die Rückkoppelungsidee inspirierte Einsicht läßt Fragen nach unserer Definition des Individuums aufkommen. Je größer die Autonomie eines Organismus ist, um so mehr Rückkoppelungsschleifen braucht er offenbar in sich selbst und in seinen Beziehungen zur Umwelt. Dies ist das autopoietische Paradox, aus ihm folgt in gewissem Sinne, daß das Individuum eine Illusion ist. Könnte die Entdeckung, daß Individualität im Grunde ein Gemeinschaftsunternehmen ist, uns zu einer neuen Art von Holismus führen, sie einer Ganzheitlichkeit, die den scheinbaren Konflikt zwischen individueller Freiheit und kollektiven Bedürfnissen auflösen kann?" (BRIGGS/PEAT, 1990, S. 250)

Aber kehren wir an den Anfang des Kapitels, zu der Definition von Hyperaktivität (die das Kind als Individuum hat und der Therapeut diagnostiziert, weil er sie sieht) zurück.

Hier wird – teilweise – Hyperaktivität als Dysfunktion des ZNS/Gehirns erklärt. PRIGOGINE sagt: „Es ist wohlbekannt, daß das Herz im Prinzip regelmäßig schlagen muß, weil wir sonst stürben. (Aber auch nicht, wie schon ausgeführt, zu regelmäßig, G.B.). Das Hirn aber muß im Prinzip unregelmäßig arbeiten, sonst würden wir epileptisch. Dies zeigt, daß Unregelmäßigkeit, Chaos, zu komplexen Systemen führt. Das bedeutet nicht etwa Unordnung, im Gegenteil, ich würde sagen, gerade das Chaos macht das Leben und die Intelligenz möglich." (BRIGGS/PEAT 1990, S. 251)

„Für das Gehirn ist Chaos etwas völlig 'normales' – wird es aber durch zuviel Ordnung induziert, so ist es verheerend ... . Das Opfer der Schizophrenie leidet also an zuviel Ordnung – die Ordnung wird zur Falle, wie im epileptischen Anfall, wo sie paradoxerweise als massiver Einbruch des Chaos auftritt" (BRIGGS/PEAT 1990, S. 254).

Sollte ein zuviel an Inhibition auch bei hyperaktiven Kindern zu dem „hyperkinetischen Syndrom" führen?

Ist das Kind „Opfer" seiner Hirntätigkeit oder ist dahinter ein „Sinn" zu sehen, sofern wir Sinn sehen könnten?

Das neue holistische Modell vom Gehirn vertritt die Idee der nichtlinearen Rückkoppelung, das Gehirn wandelt die Sinnesreize in Wellenformen um. Das Gehirn ist ein Beziehungsnetzwerk, das mit dem Rest des Körpers zusammenarbeitet und nicht getrennt zu sehen ist.

Hinsichtlich der Hyperaktivität geht es darum, vom quantitativen (Inhibition/Fazilitation) Reduktionismus (vergl. die Zitate am Anfang des Kapitels) zu einer qualitativen, ganzheitlichen Auffassung von sinn-voller Dynamik zu gelangen.

Chaos ist letztlich nicht das Gegenteil von Ordnung; sondern eine höchst subtile Form von „Ordnung".

POINCARÉ hat gezeigt, daß sich in unserem kreativen Schaffen die alte Spannung zwischen Chaos und Ordnung immer wieder erneuert.

An einem kritischen Punkt wird eine Bifurkation (Verzweigung) erreicht, die selbstheilende Kräfte im kindlichen Spiel (ZULLIGER) freisetzt.

Stereotypien sind endlose Rückkoppelungen, die es zu durchbrechen gilt, im Sinne einer regelnden negativen Rückkoppelung, die dem übergeordneten Sinn der Selbsterhaltung , -organisation und -regulation dient.

David Bohm empfahl, die Wissenschaft solle sich in Zukunft mehr der Kunst annähern. Er machte dazu zwei Vorschläge. Im ersten empfiehlt er, die Wissenschaft soll alternative wissenschaftliche Theorien nicht einfach für falsch erklären, um einer einzigen „akzeptierten" Theorie anzuhängen; sondern die Wissenschaftler sollten auch die Möglichkeit in Betracht ziehen, daß wissenschaftliche Wahrheit, wie künstlerische Wahrheit, unendlich viele Nuancen, „Welten in Rotation" enhält. Die Wurzel des Wortes „Theorie", so betont Bohm, bedeutet ja „schauen". Wegen der unendlichen Nuancen der Wirklichkeit könnte es doch viele, sogar entgegengesetzte Anschauungsarten der natürlichen Vorgänge geben. Künstler haben dies natürlich schon lange gewußt.

Bohms zweiter Vorschlag, der der Wissenschaft helfen soll, eine Kunst zu werden, empfiehlt, den Urhebern wissenschaftlicher Theorien in diese eine Art von Ironie einzubauen, ähnlich der Ironie der Kunst. Durch diese Ironie würde anerkannt, daß alles, was die Theorie über die Wirklichkeit aussagt, nicht auch schon diese Wirklichkeit darstellt, weil ja jede Theorie eine Abstraktion vom Ganzen ist und damit in gewissem Sinne eine Illusion." (Briggs/Peat, 1990, S. 308/309)

Gleichgewichtsrituale

Beweg-Gründe des Bewegungs-SINNs
oder
Warum Kinder ihr „Symptom" verteidigen/leben

Die Beweg-Gründe liegen im **Sinn** des Bewegungs-Sinnes und damit des ganzen Menschen. (lat. emovere = herausbewegen, um und um bewegen, erschüttern, aufwühlen)

Vestibuläre **Rituale** als **psycho-physischer Dialog**

Wiegen

Das **Hin**- und Her-**Ritual**

Das rechts/links Ritual

Schaukeln

Schwingen

Das **vorne**/hinten **Ritual**

Drehen

Das **Rotations-Ritual**

Rollen

Das **Rotations-**
Ritual der
Waagerechten

Balancieren

Vibrationen

Das **Zitter-**
Ritual

Die Lemniskate

Das **Möbius**-Band

Der Anfang vom Ende und das Ende vom Anfang

oder

In jedem Ende steckt ein Anfang

Diagnostik / Dia-gnosis

SI-Diagnostik: Störungen der sensorischen Integration

- **Taktil-Kinästhetischer Bereich**

Ursache:

„Die Störung der Aufnahme von taktilen Reizen kann sich auf das Abwehrsystem der Haut oder das unterscheidende System beziehen. Sie ist in der Regel nicht der Mangel an taktilen Reizen, sondern das Resultat der mangelhaften Inhibition (Hemmung) des taktilen Systems... . In der Diagnostik unterscheiden wir taktil über- oder unterempfindliche Kinder..." (KESPER/HOTTINGER, 1992, S. 56)

Wirkung:

„Typische Störungen bei Kindern mit taktilen Wahrnehmungsstörungen sind:
— Flucht- und Abwehrverhalten bei Annäherung...
— plötzliche, unerklärliche Wutausbrüche...
— die Kinder empfinden keine Befriedigung durch Liebkosen, daher plötzliches Verlassen und ständige neue Versuche der Annäherung, die wieder mit Enttäuschungen enden (distanzloses Verhalten)...". (KESPER/HOTTINGER, 1992, S. 56/57)

- **Kinästhetische Wahrnehmung**

Ursache / Wirkung:

„Ungenaue und undifferenzierte Informationen über die Spannung und Lageveränderung der Muskeln und Gelenke haben eine nicht ausreichende Eigenwahrnehmung zur Folge... .

Typische Störungen bei Kindern mit kinästhetischen Wahrnehmungsstörungen:
— Diese Kinder geraten leicht in Rangeleien, weil sie andere Kinder unabsichtlich anstoßen,
— sie verlaufen sich leicht, auch in bekannter Umgebung, oder erkennen Wege nicht wieder,
— Ordnung machen und Ordnung halten fällt ihnen schwer." (KESPER/HOTTINGER, 1992, S. 57/58)

• Vestibulärer Bereich

Ursache / Wirkung:

„Gleichgewichtsprobleme kennzeichnen in erster Linie die Störungen im vestibulären Bereich... . Für das Verständnis von abweichendem Verhalten bei Kindern mit vestibulären Störungen ist die Unterscheidung in vestibulär über- oder unterempfindliche Kinder notwendig... .

Typische Störungen bei Kindern mit vestibulärer **Überempfindlichkeit** sind:

— oft einhergehend mit taktil-kinästhetischer Überempfindlichkeit.

— Das Kind ringt um sein Gleichgewicht, manchmal bis zur existentiellen Angst.

Typische Störungen bei Kindern mit vestibulärer **Unterempfindlichkeit:**

— Ständig in Bewegung, kann nicht abwarten.

— In der Reihe stehen, ohne andere Kinder anzustoßen, ist fast nicht möglich.

Stürmische Umarmungen enden nicht selten mit blauen Flecken bei den anderen." (KESPER/HOTTINGER, 1992, S. 58/59)

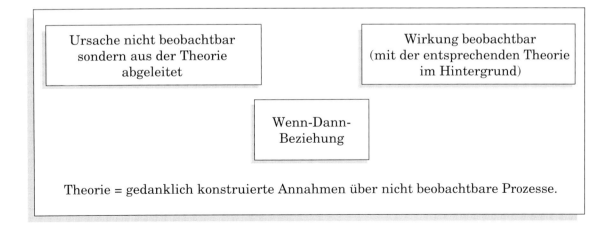

Die SI geht davon aus, daß neurale Funktionen und Verhalten miteinander signifikant korrelieren, sensorische Dys-Funktion/Des-Integration wird aufgrund von Beobachtung des freien Verhaltens oder der Bewältigung von Testaufgaben durch Schlußfolgerungen abgeleitet.

Wahrnehmungsstörung/sensorische Integrationsstörung = Hirnfunktionsstörung (ohne neurologischen Nachweis) als (Vermutungs-)Diagnose in Richtung: Verhalten/Leistung zum Gehirn.

HSB-Diagnostik

„Erst die Theorie entscheidet darüber, was man beobachten kann."

Albert EINSTEIN

„Die Welt der Spirale oder Die Spirale der Welt. Wenn Du Sahne in den Kaffee gießest, siehst Du eine spiralförmige Bewegung sich darin entwickeln.

Der kürzeste Weg von A nach B ist die Gerade. Diese Erkenntnis ist seit der Verherrlichung der Naturwissenschaft Axiom des Fortschrittglaubens. Es hat lange geheißen, Fortschrittglaube sei naturgemäß.

Und dann wurden die Erkenntnisse der Chaosforschung populär, die besagen: Die sture Gerade ist unnatürlich, denn Naturgesetze- und -prozesse verlaufen keineswegs linear. „Drei Schritte vor und zwei zurück" bemerkte schon Rosa LUXEMBURG.

Wer an die Gerade glaubt, hat es argumentativ leicht. **Wenn – dann** heißt das Kausalprinzip, z.B. in der SI: **Wenn** sensorische Dysfunktion **dann** typische Symptome.

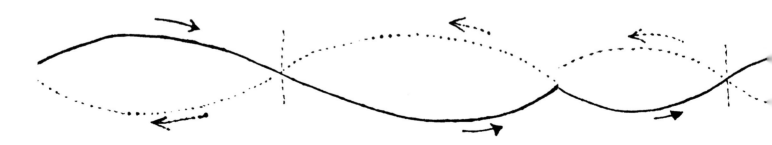

Wer nicht nachgeben kann und abweicht von der sturen Geraden, ist letztlich gefährdeter als die „Abweichler", als „Behinderter", „(Wahrnehmungs-)Gestörter".

Der, der starr bleibt und gerade, wird gebrochen. Das hat LAOTSE vor 2300 Jahren erkannt und Quintessenz seiner bzw. der chinesischen Philosophie sind das TAO TE KING und das I-Ging (Buch der Wandlungen).

Fachidioten sind *Aus*-gebildete (Haben-Modus) – ge-bildet sein ist *Sein-Modus*.

„Seit HIPPOKRATES versucht die Schulmedizin, den Kranken einzureden, daß ein Symptom ein mehr oder minder zufälliges Ereignis sei, dessen **Ursache** in funktionalen Abläufen zu suchen sei, die zu erforschen man sehr bemüht ist. Die Schulmedizin vermeidet es sorgfältig, das Symptom zu d e u t e n und verbannt somit Symptom wie Krankheit in die Bedeutungslosigkeit. Doch damit verliert das **Signal** seine eigentliche Funktion – aus den Symptomen wurden Signale ohne Bedeutung.

Benutzen wir zur Verdeutlichung einen Vergleich: Ein Auto besitzt verschiedene Kontrollampen am Armaturenbrett, die nur dann aufleuchten, wenn irgendeine wichtige Funktion des Autos nicht mehr gesetzmäßig funktioniert.

Leuchtet nun im konkreten Fall während einer Fahrt ein solches Lämpchen auf, so sind wir hierüber keineswegs erfreut. Wir fühlen uns von diesem Signal aufgefordert, unsere Fahrt abzubrechen. Trotz unserer verständlichen Beunruhigung wäre es aber dumm, auf das Lämpchen böse zu sein; schließlich informiert es uns über einen Vorgang, den wir sonst gar nicht so schnell wahrgenommen hätten, da er für uns in einem 'unsichtbaren' Bereich liegt. So nehmen wir nun das Aufleuch-

Nun verhält es sich mit dieser Bewegungsform aber so, daß man sagen muß: sie ist eine <u>universale</u>, die sich in der äußeren Welt, vom Atem bis zum Stern, ebenso zur Erscheinung bringt, wie sie in der Entwicklungsgeschichte unseres Organismus als Regler aller Wachstumsvorgänge verankert ist."

Hugo Kükelhaus

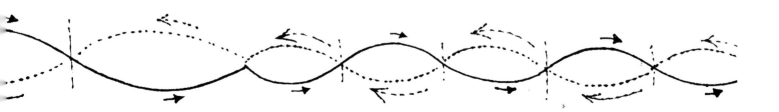

ten des Lämpchens als Anstoß, einen Automechaniker zu rufen, mit dem Ziel, daß nach dessen Intervention das Lämpchen nicht mehr leuchtet und wir ruhig weiterfahren können. Doch wir wären sehr erbost, wenn der Mechaniker dieses Ziel verwirklicht, indem er lediglich die Birne des Lämpchens entfernt." (DETHLEFSEN/DAHLKE, 1983, S. 20/21)

Das Kind bietet uns sein **Sein** an, und wir diagnostizieren aufgrund der Theorie, die uns unsere SI-Ausbildung vermittelt hat, eine „sensorische Integration" / „Wahrnehmungsstörung".

Die HSB versucht

— die Verquickung von Theorie und Diagnostik transparent zu machen,

— den **Sinn** der **Sinne** bzw. der **Sinnes**-Wahrnehmungs-Störung zu beleuchten,

— den circulus vitiosus der Diagnostik zu durchbrechen.

Glaubt man, aus Theorie, Beobachtung, Untersuchung spezielle Kennzeichen einer Störung (klassische Beispiele dafür sind neben den sensorischen Integrationsstörungen/Wahrnehmungsstörungen, z.B. der Autismus, das hyperkinetische Syndrom, MCD) etc. gefunden zu haben, und gibt die Ergebnisse als Kriterium wieder in den Diagnose- und Theoriebildungsprozeß ein, so entwickelt sich ein Regelkreis, da die Realität nicht unabhängig vom Diagnostiker gegeben ist, sondern konstruiert wird.

Die immer sicherer werdenden Erkenntnisse sind letzlich vorgetäuscht, die virtuelle Wirklichkeit wird zur angeblich objektiv wahrnehmbaren und meßbaren einzigen Realität.

Der Diagnostiker

— ist sich der Subjekt-Objekt-Wechselwirkung bewußt,

— versucht, das Verhalten des Kindes als Selbst-Regulationsmechanismus sinnhaft zu verstehen,

— versucht, sich der jeweiligen Diagnose-Brille bewußt zu werden,

— versucht, die Ganzheit (Körper/Psyche/Geist) des Kindes zu erfassen und hierbei besonders die psycho-physische Interdependenz zu berücksichtigen,

— weiß um die Bedeutung der Beziehungs-Qualität,

— weiß um die Kybernetik der Sinne.

„Jede Veränderung im physiologischen Zustand wird, bewußt oder unbewußt, von einer entsprechenden Veränderung im emotional-mentalen Zustand begleitet. Und umgekehrt geht jede bewußte oder unbewußte Veränderung im emotional-mentalen Zustand mit einer entsprechenden Veränderung des physiologischen Zustandes einher." (Elmer u. Alyce GRENN in: VAUGHAN, 1993, S. 74)

Die Ursachen und der SINN der SINNE

KAUSAL	FINAL
Ursache > Wirkung	Ziel und Sinn-orientiert

Sinn physiologisch interpretiert: **warum** *und* **wohin.**

Während SI die kausale Betrachtungsweise bevorzugt und Verhalten neurophysiologisch erklärt, versucht die HSB auch und vor allem final zu denken, zu verstehen und zu empfinden. Mit anderen Worten, die **Sinn**-haftigkeit der **Sinne** zu erfassen und sowohl Evolution als auch Involution zu berücksichtigen.

„Denn wer die Evolution des Psychischen aus der Anatomie unseres Zentralnervensystems abzuleiten versucht, der ist ständig in der Gefahr, die Ursache mit der Wirkung zu verwechseln. Wir dürfen nicht vergessen, daß die Wurzeln des Bewußtseins älter sein müssen als alle Gehirne. Den Entwicklungsschritt ... kann man nur dann verstehen, wenn man sich klar macht, daß das Gehirn das Werkzeug des Denkens ist und nicht seine Ursache. Nicht unser Gehirn hat das Denken 'erfunden', eher ist es umgekehrt. So, wie auch Beine nicht das Gehen erfunden haben und Augen nicht das Licht... .

Die ... drei Hauptabschnitte unseres Gehirns spiegeln daher zwar bis auf den heutigen Tag die drei wichtigsten Schritte wider, mit deren Hilfe die Evolution von der biologischen zur psychischen Ebene emporstieg. Sie sind aber das Ergebnis dieser Entwicklung und nicht etwa ihre Ursache." (v. DITFURTH, 1984, S. 15)

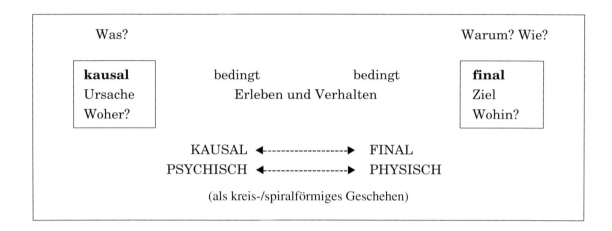

Beweg-Gründe

Funktionale Abläufe besitzen in sich selbst niemals Sinn-Haftigkeit.

Der **Sinn** der **Sinne** und sinn-hafter Ereignisse ergibt sich erst aus der Be-Deutung.

Das Steigen einer Quecksilbersäule in einem Fieberthermometer ist isoliert betrachtet sinn-los, als Wirkung einer Virusinfektion be-trachtet von kausalem Erklärungswert aber erst die Hinzuziehung finaler, psycho-physischer Aspekte läßt die Infektion sinn-voll erscheinen.

Die Gleichgewichtsverunsicherung oder die taktile Abwehr als Funktionsstörung- bzw. Integrationsstörung zu betrachten, bleibt an der Oberfläche und die sinn-haften Fragen nach dem **Warum/Wohin** bleiben un-be-fragt und damit un-be-antwortet.

Eine Störung/Behinderung/Krankheit be-deutet einen chaotischen, momentan nicht harmonischen Zustand, wobei dieses Chaos der Weg zu neuer Ordnung sein kann.

Die Störung der Harmonie (griech. harmonia = richtiges Verhältnis aller Teile zum Ganzen) findet im Bewußt-Sein statt und zeigt sich nur als Phänomen für andere, sofern deren Anschauungs-, sprich Theorie-Brille, dieses zuläßt.

Nicht Wahrnehmungsfunktionen sind gestört, „gestört" ist der ganze Mensch und das Symptom ist Ausdruck der Irritation.

Psyche	**Physis**
Erleben und Verhalten sind final und sinn-haft. ◄——►	Somatische Prozesse und Verhalten sind ursächlich verwoben, aber nicht im Sinne einer linearen Ursache-Wirkungs-Kette.

Das Kind als psycho-physische Ganzheit: polarer Versuch einer Annäherung

Beschreiben:

Erklären (Explikation/Reflexion) / Verstehen (Inter- bzw. IntroVersion/Intuition) / (Versuche des Fragens):

Flucht- und Abwehrverhalten bei Annäherung...

Plötzliche, unerklärliche Wutausbrüche (für den Beobachter kein zeitlicher Ursache-Wirkungs-Zusammenhang erkennbar). Die Kinder empfinden keine Befriedigung durch Liebkosen, daher plötzliches Verlassen und ständige neue Versuche der Annäherung, die wieder mit Enttäuschungen enden (distanzloses Verhalten). (vgl. KESPER/HOTTINGER, 1992, S. 56/57)

Für den Beobachter ist dieses Verhalten – taktile Abwehr genannt – offensichtlich plötzlich und unerklärlich und die SI-Theorie verhilft zu einem neurophysiologischen Erklärungsmuster in dem Sinne, daß die taktile Reizaufnahme und -verarbeitung gestört ist.

Ist der Wunsch nach Körperkontakt jederzeit vorhanden bzw. ein Grundmuster menschlichen Daseins?

Ist Liebkosen immer mit L i e b e verbunden oder oft auch Selbst- bzw. Selbstbestätigungszweck?

Respektiert „echte, uneigennützige Liebe" den Wunsch nach Distanz?

Reagieren wir auf erfahrene Ablehnung mit Pathologisierung?

Sind Ent-Täuschungen Korrekturen des bisherigen Eindrucks?

Ist distanzloses Verhalten und Wiederannäherung der nicht enden wollende chaotische Versuch, das Gleichgewicht zwischen Nähe und Distanz herzustellen?

Beschreiben:	**Erklären (Explikation/Reflexion) / Verstehen (Inter- bzw. IntroVersion/Intuition):**
	Wendet sich das „taktile Abwehrsystem" oder der ganze Mensch ab?
	Tritt dieses Verhalten situations- bzw. personengebunden auf?
	*Nehmen bzw. **wie** nehmen Menschen ohne Aus-Bildung dieses Verhalten wahr?*
	*Nehmen bzw. **wie** nehmen Fach-Leute mit anderen Aus-Bildungen dieses Verhalten wahr?*
	Welcher Sinnes-Kanal wird angeboten, welcher Sinnes-Kanal wird zurückgehalten?
	*Welchen **Sinn** hat dieses Verhalten für das Kind?*
	Welche Geschichte hat dieses Verhalten?
„Diese Kinder geraten leicht in Rangeleien, weil sie andere Kinder unabsichtlich anstoßen. Sie verlaufen sich leicht, auch in bekannter Umgebung, oder erkennen Wege nicht wieder. Ordnung machen und Ordnung halten fällt ihnen schwer." (KESPER/HOTTINGER, 1992, S. 57/58)	„Zwei fundamentale Hypothesen, die durch die Fülle von Beweisen bestätigt wurden, sind: das Prinzip der psychischen Determiniertheit oder die Kausalität, und der Satz, daß Bewußtheit eher ein außergewöhnliches als ein regelmäßiges Attribut psychischer Prozesse ist." (BRENNER, 1979, S. 14)
	Was heißt u n a b s i c h t l i c h ?
	Heißt a b s i c h t l i c h mit „bösem Willen"?

Beschreiben:

Erklären (Explikation/Reflexion) / Verstehen (Inter- bzw. IntroVersion/Intuition):

Wenn 90% unbewußt sind bzw. nur die Spitze des Eisberges bewußt, ist das beschriebene Verhalten des Kindes dann un-absichtlich?

Hat das beschriebene Verhalten einen selbstregulierend-chaotischen **Sinn** *den es zu verstehen gilt?*

Reicht die SI-Theorie aus, um das beschriebene Verhalten zu erklären bzw. zu verstehen?

Sind Ordnung (Kosmos) und Un-Ordnung (Chaos) dualistisch oder polar zu sehen?

„Dualismus und Polarität sind zwei himmelweit verschiedene Begriffe ... . Der Unterschied zwischen Dualismus und Polarität besteht darin, daß Dualismus nur die unversöhnlichen Gegensätze sieht und zu einseitigen Wertungen und Entscheidungen führt, welche die Welt in ebenso unvereinbare Gegensätze auseinanderreißt, während Polarität aus der Einheit geboren und den Begriff der Ganzheit einschließt: die jeweiligen Pole ergänzen einander, sind untrennbar miteinander verbunden ... Dauer ist somit eine sich selbst erneuernde Bewegung eines organisierten, integrierten Ganzen, die in Übereinstimmung mit unveränderlichen Gesetzen vor sich geht." (GOVINDA, in: SCHÖNBERGER, 1981, S. 18/19)

Ist Un-Ordnung der Weg zum Ziel der Ordnung bzw. ist der Weg das Ziel?

Beschreiben:	Erklären (Explikation/Reflexion) / Verstehen (Inter- bzw. IntroVersion/Intuition):
„Das Kind ringt um sein Gleichgewicht, manchmal bis zur existentiellen Angst. In der Reihe stehen, ohne andere Kinder anzustoßen, ist fast nicht möglich." (KESPER/HOTTINGER, 1992, S. 59)	*Was heißt es, aus dem Gleichgewicht zu geraten?* *Ist das Gleichgewicht die Schnittstelle zwischen Körper und Psyche (vgl. WEISS/BENZ, 1989)?* *Ist das Ringen um einen Gleichgewichtszustand das Ringen um Negentropie?* *Warum ist das **Ein-reihen** so schwer?* *Ist das aus der **Reihe** tanzen ein Ringen um Ich-Identitätswahrnehmung?* *Tanzt das Kind aus der **Reihe**, weil es mehr Raum für sich braucht, als das Auf-gereiht-**sein** zuläßt?* *Verschwimmen durch das Auf-gereiht-**sein** die Grenzen zwischen den Individuen?* *Macht das Zusammenspiel von Körperlichkeit (inkl. senso-motorischem Erleben) und psychischer Befindlichkeit (als psycho-physische Einheit) die existentielle **Angst**?*

Literatur

Affolter, F.: Wahrnehmung, Wirklichkeit und Sprache, Villingen-Schwenningen 1987

Affolter, F.: Wahrnehmungsprozesse, deren Störung und Auswirkung auf die Schulleistung, insbesondere Lesen und Schreiben. In: Z. Kinder- Jugendpsychiat. Band 3, Heft 2/1975

Albrecht, P.: Diagnose und Therapie von Wahrnehmungsstörungen nach Jean Ayres, Dortmund 1980

Altenthan, S.: Psychologie, Köln 1991

Aly, M./Aly, G./Tumler, M.: Kopfkorrektur, Berlin 1982

Assagioli, R.: Psychosynthese, Reinbek 1993

Aucouturier, B./Darrault, J./Erupinet, J.L.: La pratique psychomotrice, Paris 1984

Aucouturier, B./Lapierre, A.: La symbolique du mouvement, Paris 1984

Augros, R./Stanciu, G.: Die neue Biologie, Bern 1988

Augustin, A.: Beschäftigungstherapie bei Wahrnehmungsstörungen, Idstein 1989

Austeda, F.: Wörterbuch der Philosophie, Berlin 1978

Ayres, J.: Bausteine der kindlichen Entwicklung, Springer Verlag Berlin, Heidelberg, New York, Tokyo 1984

Ayres, J.: Lernstörungen, Berlin, Heidelberg, New York 1979

Barrow, J.D.: Die Natur der Natur, Heidelberg 1993

Bartels, H./Bartels R.: Physiologie, München 1987

Bateson, G.: Ökologie des Geistes, Frankfurt 1984

Bauer, A.: Minimale cerebrale Dysfunktion und/oder Hyperaktivität im Kindesalter, Berlin, Heidelberg, New York 1986

Beaumont, J.G.: Einführung in die Neuropsychologie, München 1987

Benesch, H.: Zwischen Leib und Seele, Frankfurt 1988

Bertalanffy, Z.V.: Biophysik des Fließgleichgewichts, Braunschweig 1953

Bestenreimer, F.: Der phantastische Spiegel, Frankfurt 1989

Bhagavadgita, Köln 1985

Birbaumer, N./Schmidt, R.F.: Biologische Psychologie, Berlin 1990

Birkenbihl, V.: Stroh im Kopf? Speyer 1989

Böse, R./Schiepek, G.: Systemische Theorie und Therapie, Heidelberg 1989

Bohm, D.: Die implizite Ordnung, München 1987

Bohr, N.: Atomtheorie und Naturbeschreibung, Berlin 1931

Brand, I./Breitenbach, E./Maisel, V.: Erziehung und Förderung in den schulvorbereitenden Einrichtungen für behinderte Kinder, Würzburg 1987

Brand, I./Breitenbach, E./Maisel, V.: Integrationsstörungen. Verlag Maria-Stern-Schule, Würzburg 1988

Brenner, C.: Grundzüge der Psychoanalyse, Frankfurt 1972

Briggs, J./Peat, F.D.: Die Entdeckung des Chaos, München 1990

Brooks, C.V.W.: Erleben durch die Sinne, Paderborn 1989

Brazelton, T.B.: Babys erstes Lebensjahr, München 1975

Brüggebors, G.: Das lustige Handtheater, Reinbek 1989

Brüggebors, G.: Klüger als die Eltern. Mentale Spiele für Kinder, Reinbek 1992

Brüggebors, G.: Körperspiele für die Seele, Reinbek 1990

Brüggebors, G.: Mehr vom Leben durch mentales Training, München 1991

Brüggebors, G.: So spricht mein Kind richtig, Reinbek 1992

Brüggebors, G.: Einführung in die Holistische Sensorische Integration (HSI), Teil 1: Sensorische Integration (SI) und holistische Evaluation, Dortmund 1992

Burmeister, A.: Konturen einer psychomotorischen Entwicklungstherapie auf neurophysiologischer Grundlage. In: **Irmischer, T./Fischer, K., Schorndorf** 1989

Burmeister, A.: (Un-)gleichgewichtsprobleme bei Kindern mit Lern- und Verhaltensstörungen. In: Praxis der Psychomotorik Oktober 1985

Capra, F.: Wendezeit, München 1984

Cárdenas, B.: Diagnostik mit Pfiffigunde, Dortmund 1992

Chavun, J.E.: Der Geist der Materie, Frankfurt 1986

Ciompi, L.: Affektlogik, Stuttgart 1989

Ciompi, L.: Außenwelt – Innenwelt, Göttingen 1988

Clarke, D.L.: Vestibular Stimulation. Influence on motor Development of infants. In: Science 196/1977

Colegrave, S.: Yin und Yang, Bern 1979

Coleman, G.: Autismus, In: Zeitschrift des Bundesverbandes, Heft 26/1988

Combs, A./Holland, M.: Die Magie des Zufalls, Reinbek 1992

Dahlke, R.: Krankheit als Sprache der Seele, München 1992

Davies, P.: Gott und die moderne Physik, München 1986

Davies, P.: Die Urkraft, Hamburg 1987

Defersdorf, R.: Drück mich mal ganz fest, Freiburg 1991

Delacato, C.: Der unheimliche Fremdling, Freiburg 1974

Descartes, R.: Meditationen, Amsterdam 1685

Dethlefsen, T./Dahlke; R.: Krankheit als Weg, München 1991

Dilthey, W.: Der Aufbau der geschichtlichen Welt in den Geisteswissenschaften, Frankfurt 1990

Ditfurth, H.v.: Gedanken zum Leib- Seele-Problem aus naturwissenschaftlicher Sicht. Freiburger Universitätsblätter 62/1978, 25-37

Ditfurth, H.v.: Der Geist fiel nicht vom Himmel, Hamburg 1984

Ditfurth, H.v.: Innenansichten eines Artgenossen, München 1991

Ditfurth, H.v.: Wir sind nicht nur von dieser Welt, Hamburg 1984

Ditfurth, H.v.: Zusammenhänge, Hamburg 1990

Dörner, D.: Problemlösen als Informationsverarbeitung, Stuttgart 1976

Dörner, K./Plog, U.: Irren ist menschlich, Wunstorf 1978

Dordel, S.: Bewegungsförderung in der Schule, Dortmund 1991

Dornes, M.: Der kompetente Säugling, Frankfurt 1993

Dürr, H.-P./Dürr, H.-P./Zimmerli, W.: Physik und Transzendenz, München 1990. Geist und Natur, Bern 1991

Dzikowski, St./Vogel, C: Störungen der sensorischen Integration bei autistischen Kindern, Weinheim 1988

Eggert, D.: Hannover-Wechsler-Intelligenztest für das Vorschulalter Handbuch und Testanweisung, Berlin 1983.

Einführung in den Konstruktivismus, München 1992

Einstein, A.: Essays in Science, New York 1938

Einstein, A.: The Meaning of Relativity, Princeton 1972

Einstein, A.: Aus meinen späten Jahren, Frankfurt 1984

Einstein, A. in: **Kahan, G.:** Einsteins Relativitätstheorie, Köln 1987

Esser, M.: Beweg-Gründe, München 1992

Fehmi, L.F./Fengler, J./Janzen, G.: Open Focus – The Attentional Foundation of Health and Well-Being, Spring 1980

Fengler, J./Janzen, G.: Heilpädagogische Psychologie, Stuttgart 1987

Feuser, G.: Grundlagen zur Pädagogik autistischer Kinder, Basel 1979

Fiedler, P.A./Standop, R.: Stottern, München 1978, 4. Aufl.

Flehmig, I.: Normale Entwicklung des Säuglings und ihre Abweichungen, Stuttgart 1988

Flehmig, I.: Sensorische Integration bei autistischen Verhaltensweisen. In: Beschäftigungstherapie und Rehabilitation, Heft 2/1985

Foerster, H. v.: Sicht und Einsicht, Braunschweig 1985

Foerster, H. v.: Observing systems, Seaside 1984

Fraiberg, S.: Die magischen Jahre, Reinbek 1972

Franz, M.-L. v.: Zeit, München 1992

Friday, N.: Eifersucht. Die dunkle Seite der Liebe, Bern 1989

Fritz, A.: Ein Förderprogramm für Kinder mit einer minimalen cerebralen Dysfunktion. In: Motorik 2/1987

Fröhlich, A.D.: Wahrnehmungsstörung und Wahrnehmungsförderung, Heidelberg 1989

Fromm, E.: Haben oder Sein, Stuttgart 1979

Fromm, E.: Die Kunst des Liebens, Frankfurt 1992

Frostig, M./Müller, A.: Wahrnehmungstraining, Dortmund 1972

GEO-Wissen: Gehirn - Gefühl - Gedanken, 1987

Gerken, G.: Geist, Düsseldorf 1991

Giberson, J.J.: Wahrnehmung und Umwelt, München 1982

Ginsburg, H./Opper, S.: Piagets Theorie der geistigen Entwicklung, Stuttgart 1978

Gleick, J.: Chaos – die Ordnung des Universums, München 1990

Grady, H.: Electromechanical Therapy of a child with Down's Syndrom, In: Yournal of Holistic 11/1983

Groddeck, G.: Krankheit als Symbol, Frankfurt 1983

Grof, S.: Das Abenteuer der Selbstentdeckung, München 1987

Grohnfeldt, M.: Diagnose von Sprachbehinderung, Berlin 1979

Grüsser, O.J.: Zeit und Gehirn. In: Die Zeit, München 3/1989

Guddes, W.H.: Lernstörungen und Hirnfunktionen, Berlin 1991

Guttmann, G./Bestenreiner, F.: Ich sehe, denke, träume, sterbe, München 1991

Hampden-Turner, C.: Modelle des Menschen, Weinheim und Basel 1986

Harbauer, H.: Diagnose und Behandlung der leichten frühkindlichen Hirnschädigung. In: Dtsch. Ärzteblatt 71/1974

Harmann, W.: Bewußt-Sein im Wandel, Freiburg 1989

Harmann, W./Rheingold, H.: Die Kunst, kreativ zu sein, Bern 1987

Hayward, J.W.: Die Erforschung der Innenwelt, Bern 1990

Heisenberg, W.: Physik und Philosophie, Berlin 1973

Heisenberg, W.: Der Teil und das Ganze, München 1973

Hensle, G.: Einführung in die Arbeit mit Behinderten, 1986

Hesse, H.: Siddhartha, Frankfurt 1953

Heuer, A./Brüggebors, G.: Autismus und Sensorische Integration, Hannover 1988

Hölter, G.: Bewegung und Therapie, Dortmund 1988

Hofstadter, D.R.: Gödel, Escher, Bach, München 1991

Holle, B.: Die motorische und perzeptuelle Entwicklung des Kindes, München 1988

Holler, J.: Das neue Gehirn, Südergellersen 1989

Hooper, J./Teresi, D.: Das Drei-Pfund-Universum, Düsseldorf 1988

Huber, G./Rieder, H./Neuhäuser, G.: Psychomotorik in Therapie und Pädagogik, Dortmund 1990

Hutchison, M.: Megabrain, Basel 1989

Huxley, A.: Die ewige Philosophie, München 1987

Irmischer, T./Fischer, K.: Psychomotorik in der Entwicklung, Schorndorf 1989

Jungmann, J.: Prä-, peri- und postnatale Risikofaktoren und neurofunktionale Entwicklungsstörungen. In: Z. Kinder- Jugendpsychiat., 11/1983

Kahan, G.: Einsteins Relativitätstheorie, Köln 1987

Kahle, W./Leonhardt, H./Platzer, W.: dtv-Atlas der Anatomie, Band 3, Stuttgart 1976

Kakuska, R. (Hrsg.): Andere Wirklichkeiten, München 1986

Kalbe, U.: Welche Rolle spielen genetische Faktoren bei der Entstehung minimaler cerebraler Bewegungsstörungen? In: Öff. Gesundh.-Wes. 46/1984

Kant, E.: Kritik der reinen Vernunft, Hamburg 1990

Kaplan, L.J.: Die zweite Geburt, München 198

Kaufmann, B.N.: Ein neuer Tag, München 1981

Kephart, N.C.: Das lernbehinderte Kind im Unterricht, München 1977

Kesper, G.: Motopädagogik. In: Der Motopäde, II/1988

Kesper, G./Hottinger, C.: Mototherapie bei Sensorischen Integrationsstörungen, München 1992

Keyserling, A.: Durch Sinnlichkeit zum Sinn, Südergellersen 1986

Kiphard, E.J.: Motopädagogik, Dortmund 1990

Kiphard, E.J.: Mototherapie - Teil II, Dortmund 1990

Kiphard, E.J.: Wie weit ist ein Kind entwickelt? Dortmund 1980

Koestler, A.: Die Wurzeln des Zufalls, Bern 1974

Koestler, A./Smythies, J.R.: Das neue Menschenbild, Wien 1970

Kohnstamm, R.: Praktische Kinderpsychologie, Bern 1984

Kükelhaus, H.: Entfaltung der Sinne, Frankfurt 1986

Kükelhaus, H.: Fassen-Fühlen-Bilden, Köln 1975

Kükelhaus, H.: Hören und Sehen in Tätigkeit, Zug 1990

Kükelhaus, H.: Mit den Sinnen leben, Aarau 1980

Kükelhaus, H.: Organ und Bewußtsein, Köln 1977

Kükelhaus, H.: Organismus und Technik, Olten 1971

Kybalion, Heidelberg 1981

Lempp, R.: Psychopathologie der leichten Hirnfunktionsstörung. In: Monatsschr. Kinderheilk. 125/1977

Lippert, H.: Anatomie, Köln 1991

Lodes, H.: Atme richtig, München 1990

Löscher, W.: Riech- und Schmeck-Spiele, München 1983

Lorenz, K.: Die angeborenen Formen möglicher Erfahrung. In: Zeitschr. Tierpsychologie 5/1943

Lorenz, K.: Die Rückseite des Spiegels, München 1973

Love, J.: Die Quanten-Götter. Ursprung und Natur von Materie und Bewußtsein, Reinbek 1987

Lowen, A.: Bioenergetik, Reinbek 1983

Loye, D.: Gehirn, Geist und Vision, Basel 1986

Lukoschnik, A./Bauer, E.: Die richtige Körpertherapie, München 1989

Lurija, A.R.: Der Mann, dessen Welt in Scherben ging, Reinbek 1991

Lurija, A.R.: Traumatic aphasia, its syndromes, psychology and treatment, Mouton 1970

Martinius, J.: Hyperkinetische Syndrome. In: **Nissen, G./Eggers, C./Martinius, J.:** Kinder- u. jugendpsychiatrische Pharmakotherapie, Berlin, Heidelberg, New York, Tokio 1984

Maslow, A.: Psychologie des Seins, München 1973

Masters, R./Houston, J.: Bewußtseinserweiterung über Körper und Geist, München 1987

Mattner, D.: Zum Problem der Ganzheitlichkeit innerhalb der Motologie. In: Zeitschr. Motorik 10/1987

Mattner, D.: Angewandte Motologie als ganzheitliche Therapie, In: Zeitschr. Motorik 8/1986

Maturana, H.R.: Erkennen: Die Organisation und Verkörperung von Wirklichkeit, Braunschweig 1982

Maturana, H.R./Varela, F.: Der Baum der Erkenntnis, Bern 1987

Mietzel, G.: Wege in die Entwicklungspsychologie, München 1989

Miller, D.E.: Bodymind, Berlin 1978

Milz, H.: Der wiederentdeckte Körper, München 1992

Minsky, M.: Mentopolis, Stuttgart 1990

Montagu, A.: Körperkontakt, Stuttgart 1987

Montessori, M.: Die Entdeckung des Kindes, Freiburg 1969

Montessori, M.: Grundlagen meiner Pädagogik, Heidelberg 1968

Morfill, G./Scheingraber, H.: Chaos ist überall ... und es funktioniert, Frankfurt 1991

Mussen, P.H./Conger, J.J./Kagan, J.: Lehrbuch der Kinderpsychologie, Stuttgart 1976

Muths, C.: Farbtherapie, München 1989

Neeral, A.: Führen bessere familiendynamische Kenntnisse zur Entmythologisierung des MCD-Syndroms? In: Acta Paedopsychiat. 45/1979

Neisser, U.: Kognition und Wirklichkeit, Stuttgart 1979

Neumann, E.: Ursprungsgeschichte des Bewußtseins, Frankfurt 1989

Nickel, H./Schmidt-Denter, U.: Vom Kleinkind zum Schulkind, München 1988

Ondarza-Landwehr, G. v.: Prognose minimaler Hirnfunktionsstörungen im Vorschulalter, Weinheim, Basel 1979

Ornstein, R./Thompson, R.F.: Unser Gehirn: das lebendige Labyrinth. Reinbek 1986

Ostrander, Sh./Schroeder, L.: Superlearning, München 1988

Papousek, H.: Soziale Interaktion als Grundlage der kognitiven Frühentwicklung. In: Kindliche Sozialisation, Sozialentwicklung Bd. 2, München 1975

Pawlow, I.P.: Nerventätigkeit, München 1926

Peat, F.D.: Synchronizität. Die verborgene Ordnung, München 1991

Pelletier, K.R.: Unser Wissen vom Bewußtsein. Von Psyche und Soma, Reinbek 1988

Peseschkian, N.: Auf der Suche nach Sinn, Frankfurt 1988

Peter, B./Gerl, W.: Entspannung – Das umfassende Training für Körper, Geist und Seele, München 1977

Pflüger, L.: Neurogene Entwicklungsstörungen, München 1991

Piaget, J.: Biologie und Erkenntnis, Frankfurt 1983

Piaget, J.: Das Erwachen der Intelligenz beim Kinde, Stuttgart 1969

Planck, M.: Vom Wesen der Willensfreiheit und andere Vorträge, Frankfurt 1991

Popper, K.R./Eccles, J.C.: Das Ich und sein Gehirn, München 1982

Prechtl, S.: Kommt der Aspekt des subjektiven Bewegungslernens in der Theorie der Motopädagogik zu kurz? In: Zeitschr. Motorik 9/ 1986

Prescott, J.W. in: Brain/Mind Bulletin 5/20, 1980

Pribram, K.H.: Holonomy and Structure in the Organisation of Perception. In: Psychology Today, Febr. 1979

Prigogine, I.: Time, Structure and Fluctuation. In: Science 201/1978

Prigogine, I./Stengers, I.: Dialog mit der Natur, München 1990

Pschyrembel Klinisches Wörterbuch, de Gruyter, Berlin 1990

Remschmidt, H.: Kinder- und Jugendpsychiatrie, Stuttgart 1979

Restak, R.M.: Geheimnisse des menschlichen Gehirns, München 1989

Riedl, R.: Die Strategie der Genesis, München 1976

Riper, CH.I.V.J.van: Artikulationsstörungen, Berlin 1989

Ritter, G.: Die zwischenmenschliche Beziehung in der Bewegungsbehandlung, Stadthagen 1988

Rucker, R.: Die Wunderwelt der 4. Dimension, Bern 1990

Russel, B.: Das ABC der Relativitätstheorie, Reinbek 1972

Sabetti, S.: Lebensenergie, Reinbek 1987

Sacks, O.: Der Mann, der seine Frau mit einem Hut verwechselte, Reinbek 1990

Saint-Exupéry, A. de: Der kleine Prinz, Düsseldorf 1991

Schandry, R.: Lehrbuch der Psychophysiologie, München 1989

Schlack, H.G.: Ganzheitlichkeit und Methoden der Frühförderung aus medizinischer Sicht. In: Frühförderung Interdisziplinär, 4/1983

Schlack, H.G.: Paradigmenwechsel in der Frühförderung. In: Frühförderung Interdisziplinär, 4/1989

Schmidt, S.J. (Hrsg.): Der Diskurs des radikalen Konstruktivismus, Frankfurt 1987

Schmidt, R.F./Thews, G.: Physiologie des Menschen, Berlin, Heidelberg, New York 1980, 20. Auflage

Schmidtbauer, W.: Die hilflosen Helfer, Reinbek 1979

Schönberger, M.: Verborgener Schlüssel zum Leben, Bern 1981

Schöne, L.: Der wilde Spaß, das Gleichgewicht zu verschaukeln. In: P.M.-Magazin, 10/1982

Schraml, W.J.: Einführung in die moderne Entwicklungspsychologie, Stuttgart 1972

Seiler, L.: Das 18. Kamel oder die Welt als Erfindung. München 1988

Sheldrake, R.: Das schöpferische Universum, München 1989

Skinner, B.F.: Erziehung als Verhaltensformung, Bad Honnef 1971

Skynner, R./Cleese, J.: ...Familie sein dagegen sehr, Paderborn 1988

Speck, O.: System Heilpädagogik, München 1988.

Spinningtherapy calms Hyperactivity, In: Brain/Mind Bulletin 5/20, 1980

Sperry, R.: Changing Priorities, In: Annual Review of Neuroscience 4/1981

Stahnke, M.: Entwicklungsförderung von bewegungsgestörten Kindern auf der Grundlage des sensorischen Integrationsmodells von Jean Ayres. Unveröffentl. Hausarbeit, Hamburg 1984

Steiner, R.: Zur Sinneslehre, Stuttgart 1990

Steinhausen, H.-C.: Das Hyperkinetische Syndrom. In: Klin. Pädiat. 188/1976

Stevens, W.: Connaisseur of Chaos, New York 1978

Störing, H.-J.: Kleine Weltgeschichte der Philosophie Band 1 und 2, Frankfurt 1976

Straus, E.: Vom Sinn der Sinne, Berlin 1956

Talbot, M.: Jenseits der Quanten, München 1990

Talbot, M.: Mystik und neue Physik, München 1989

Teegen, F.: Die Bildersprache des Körpers, Reinbek 1992

Teilhard de Chardin, P.: Der Mensch im Kosmos, München 1959

Teilhard de Chardin, P.: Gesammelte Werke, Freiburg 1965

Tewes, U.: Hamburg-Wechsler-Intelligenztest für Kinder. Revision, Handbuch und Testanweisung, Bern, Stuttgart, Wien 1983

Thom, H.: Die infantilen Zerebralparesen, München 1982

Thomas, R.M./Feldmann, B.: Die Entwicklung des Kindes, Weinheim 1986

Thompson, R.F.: Das Gehirn, Heidelberg 1990

Tietze-Fritz, P.: Handbuch der heilpädagogischen Diagnostik, Dortmund 1992

Tisserand, R.: Das Aromatherapie-Heilbuch, Aitrang 1990

Toben, B.: Raum-Zeit und erweitertes Bewußtsein, Frankfurt 1990

Tomatis, A.: Der Klang des Lebens, Reinbek 1987

Tschaschel, M.: Warum das Gehirn zwei Hälften hat. In: P.M.-Magazin Heft 1/1982

Tschaschel, M.: Wie kann man sich bloß alles merken? In: P.M.-Magazin Heft 7/1982

Tulku, T.: Raum, Zeit und Erkenntnis, Reinbek 1986

Upanishaden, Köln 1986

Varela, F.: Die Biologie der Freiheit. In: Psychologie heute 9/1982

Varela, F.J./Thompson, E./Rosch, E.: Der mittlere Weg der Erkenntnis, Bern 1992

Vaughan, F.: Awakening Intuition, New York 1993

Vester, F.: Denken, Lernen, Vergessen, München 1987

Vester, F.: Neuland des Denkens, Stuttgart 1988

Vester, F.: Unsere Welt – ein vernetztes System, Stuttgart 1983

Vivekananda, S.: Jnana Yoga, Freiburg 1983

Vivekananda, S.: Vedanta, München 1989

Vogt, H.J./Pechstein, J.: Zur Frühdiagnostik der minimalen zerebralen Dysfunktion. In: Fortschr. Med. 97/1979

Volkamer, M./Zimmer, R.: Kindzentrierte Mototherapie. In: Motorik 2/1986

Vollmer, G.: Evolutionäre Erkenntnistheorie, Stuttgart 1987

Vollmer, G.: Was können wir wissen? Band 2: Die Erkenntnis der Natur. Beiträge zur modernen Naturphilosophie, Stuttgart 1988

Walsh, R.N./Vaugan, F. (Hrsg.): Psychologie in der Wende, Bern 1985

Walter, K.: Chaosforschung, I-Ging und genetischer Code, München 1992

Watts, A.: Dies ist ES, Reinbek 1985

Watts, A.: Zeit zu leben. München 1979

Watzlawick, P. (Hrsg.): Die erfundene Wirklichkeit, München 1985

Watzlawick, P.: Wie wirklich ist die Wirklicheit? München 1986

Watzlawick, P./Beavin, J.H./Jackson, D.D.: Menschliche Kommunikation, Bern 1974

Weber, R.: Wissenschaften und Weise. Gespräche über die Einheit des Seins, Grafing 1987

Weischedel, W.: Die philosophische Hintertreppe, München 1975

Weil, A.: Heilung und Selbstheilung, Weinheim 1988

Weiss, H./Benz, D.: Auf den Körper hören, München 1989

Weizsäcker, V. v.: Der Gestaltkreis, Stuttgart 1977

Weizsäcker, C.F.: Geschichte der Natur, Göttingen 1970

Wheeler, J.A.: Gravitation und Raumzeit, Heidelberg 1991

White, D.: Autobiographie von Darren White. In: Autismus, Zeitschr. d. Bundesverbandes, Heft 26/1988

Wildlöcher, D.: Was eine Kinderzeichnung verrät, Frankfurt 1993

Wilber, K.: Die drei Augen der Erkenntnis auf dem Weg zu einem neuen Weltbild, München 1988

Wilber, K.: Halbzeit der Evolution, Bern 1990

Wilber, K.: Das Spektrum des Bewußtseins, Bern 1987

Wilber, K.: Wege zum Selbst, München 1991

Wilber, K. (Hrsg.): Das holographische Weltbild, Bern 1988

Wild, R.: Sein zum Erziehen, Heidelberg 1991

Wing, J.K.: Frühkindlicher Autismus, Weinheim 1973

Winkel, R.: Pädagogische Psychiatrie für Eltern, Lehrer und Erzieher, Frankfurt 1981

Wirth, G.: Sprachstörungen/Sprechstörungen/Kindliche Hörstörungen, Köln 1983

Witte, A./Brüggebors, G.: Einführung in die Sensorische Integration, Hannover 1989

Wittgenstein, L.: Tractatus logico-philosophicus, Frankfurt 1963

Wolf, F.A.: Körper, Geist und neue Physik, Bern 1989

Wolf, F.A.: Der Quantensprung ist keine Hexerei, Frankfurt 1989

Wolf, G.: Neurobiologische Grundlagen menschlichen Verhaltens, In: **Johst, V.:** Biologische Verhaltensforschung am Menschen, Berlin 1982

Wurst, E.: Autismus, Bern 1981, 2. Aufl.

Wygotski, L.S.: Denken und Sprechen, Frankfurt 1969

ZEIT, Die: Dauer und Augenblick, München 1989

Zeitler, P. (Hrsg.): Erinnerungen an Elsa Gindler, München 1991

Zinke-Wolter, P.: Spüren – Bewegen – Lernen, Dortmund 1991

Zukav, G.: Mystik und neue Physik. In: **Talbot, M.**, Mystik und neue Physik, Düsseldorf 1989

Zulliger, H.: Die Angst unserer Kinder, Frankfurt 1969

Zulliger, H.: Heilende Kräfte im kindlichen Spiel, Frankfurt 1970

Personen- und Sachverzeichnis
für Teil 1 und 2

(*Seitenzahlen im Schrägdruck* beziehen sich auf den ersten Band dieses zweibändigen Werkes)

A

a posteriori 20
a priori 13, 18
AFFOLTER *38, 42, 53, 79, 80, 141*
A-Gnosien 56
ALBRECHT *75, 89, 97*
ALLEN 37, 52
ALPHA-Wellen *112*
ALTENTHAN *106*
ANAXAGORAS 40
Animismus 11, 12
Apperzeption 36, 51, 56, 110f, 113, 140, 145, 147, 154 / *141, 143*
Apperzeptionsprozeß 11
AQUIN, VON 11
ARISTOTELES 11f, 34
AUGORO 51
AUGROS 62 / *144*
AUGUSTIN 29 / *34, 137*
AUGUSTINUS 11
AUSTEDA 40
Autismus 33, 40, 42, 80, 192
Autist 34, 36
Autisten 33, 37
autistisch 33
autopoietisch 48, 146, 164, 165
Autopoiese 48, 89, 112, 165
AYRES 25, 26, 28, 103, 146, 153, 161 / *6, 31, 33, 35, 37ff, 48, 58ff, 62ff, 67f, 72ff, 84f, 89, 95ff, 106ff, 114f, 135f, 141*

B

BACH 75
Bahnung *57*
Balance *57*
BARROW 19
BATESON 89
BAUER *78, 81, 109ff, 115, 119*
BENZ 199
beobachten 80, 101
Beobachter 49, 76, 79, 85, 111, 162
Beobachteter 79
Beobachtung 13, 17, 36, 73f, 79f, 84f, 92, 192
Beobachtungsfehler *130*
Bereich
 auditiver *84*
BERKELEY 10
BERTALANFFY *106*
BESTENREINER *163*
BETA-Wellen *112*
BETTELHEIM 102
Beurteilungsfehler *131*
Bewußtsein 9, 10ff, 30, 36ff, 57, 65ff, 70, 77, 79, 101, 105, 146 / *67, 73*
Bewußt-Sein 55, 57
Bewußtseinsniveau 38
Bewußtseinsprozesse 37
Bewußtseinszustand 37
Bewußtseinszustände 29
Beziehungen 85
Bifurkation
 = Verzweigung *167*

BINGEN, VON   69
BIRBAUMER   50 / *29*
BITTER, VON   93
BOBATH   101ff, 107
BÖSE   48f, 142, 155, 165f
BOHM   78f, 85, 168
BOHR   15, 40, 72, 84f, 106 / *142*
BOLYAI   13
BORN   75
BRAND   81 / *38, 40ff, 96f, 107, 115*
BREITENBACH   *107*
BRENNER   115, 197
BRIGGS   27, 163, 165ff
BROCA   56 / *27*
BROCA-Zentrum   *85*
BROGLIE, DE   145
BUDDHA   69
BÜCHNER   11
BÜHLER   16

C

CAILLOIS   148
CAMPOS   95
CAPRA   33, 35f, 50, 79, 91, 105ff / *142, 148*
CARROLL   163
Chance
   Chaos als –   164
Chaos   65, 108, 198
     140ff, 148, 156, 158, 161, 163f, 167
   Ordnung aus dem   158
Chaosforschung   71, 190
Chaostheorie   112, 148, 161f / *142*
chaotisch   164
CHARDIN, DE   71, 78
CHARON   91
CIOMPI   *148*
Circulus vitiosus   16
CLARKE   94, 150
COMBS   78
CONEL   *13*

CONGER   *41*
CYTOWIC   60

D

DAHLKE   192
DAVIES   85, 91 / *148*
Deduktion   14
DELACATO   *79*
DELTA-Wellen   *113*
DETHLEFSEN   192
DESCARTES   11f, 34f, 43, 50ff, 55, 58, 63f, 69f, 79, 106ff
Dia-gnosis   186
Diagnose   79
Diagnostik   186
Dialektik   91f
DIDEROT   12
DILTHEY   92
Dissipation   156
DITFURTH, VON   11, 30f, 59, 84, 88, 120, 194 / *88, 94, 100, 104, 139, 147*
DODDS   *115*
DÖRNER   155
DORDEL   *108*
DSCHINGIS KHAN   58
Dualismus   12, 39, 63, 70
Dualität   64
Dysgrammatismus   *83*
Dyslalie   *83*

E

ECCLES   11f, 62, 145 / *144*
ECKEHART, MEISTER   69
EEG-Muster   *112*
   ALPHA-Wellen   *112*
   DELTA-Wellen   *113*
   THETA-Wellen   *113*
EGGERT   6 / *114*

EINSTEIN 9, 14f, 18f, 21, 34, 38, 40, 106, 114, 190 / *142, 148*
EMDE 95
Empirie 51
Energie 14, 34ff, 63, 108, 110, 156, 165
Energieform 38
Energiemuster 63
Entropie 153, 155
Entropietod 157
EPIKUR 11
Epiphänomenalismus 11
Erfahrung 13
Erfahrungen
   taktile *81*
ERHARDT 112
Erkenntnis 17, 56, 190
Erkenntnistheorie 18, 48
   evolutionäre 11, 20, 30, 70
Erkenntnisweise
   holistisch-systemische 108
ESCHER 75
Experiment 13

F

fazilitiert *58*
Fazilitation 25, 143, 160, 167 / *15, 57, 79*
Feedback 159
Feld
   morphogenetisches 70, 71
FEYERABEND 11
FICHTE 10
FIEDLER *84f*
FLEHMIG *36, 85, 115*
Fluktuation 156
FOERSTER, VON 49, 105, 143, 145
FRANKENBURG *115*
FREUD 57, 102, 115, 126, 142f / *145*
FRIDAY 96
FRISCH 123

FROMM 6, 119
FROSTIG *50, 98, 107f, 118, 141*

G

GANDHI 69
GAUSS 13
Gehirn 9, 11, 16f, 29f, 33ff, 39, 43,
   49f, 56ff, 61ff, 66, 71, 82, 95, 108, 110,
   149, 156f, 167 / *8, 24, 33, 36, 137, 145*
Geist 6, 9ff, 17, 19, 29, 30f, 34ff, 39ff,
   50f, 58f, 63f, 66, 70f, 103, 105, 108, 111, 144 /
   137, 139
geistig 34, 36
GELL-MANN 78
GERKEN 54, 139, 145 / *143*
GEULINCX 10
GIBSON 95
GLASERSFELD, VON 47
Glaubenssätze *146*
Glaubenssystem 68
Gleichgewicht 25, 143
Gnosis 56, 110f, 113
GÖDEL 54, 73, 75
GOVINDA 198
Gravitation 26
GRENN 193
GROF *148*
GRÜSSER *102f*
Grundbewußtsein 38
Grundsinne 37
GUARDINI 104
GUTTMANN 163

H

HABERMAS 16
HAECKEL 15
HAMLET 114
HAMPDEN-TURNER 39 / *17*
HARBAUER 110

HARLOW 94
HARMAN 67f, 72 / *146*
HARTMANN, V. 11
HAWKING 91
HEATH 149
HEGEL 10, 12
HEISENBERG 15, 36, 84, 85 / *142*
HELLBRÜGGE *116*
HELMHOLTZ, VON 13
Hemmen *57*
Hemmung 188
HENSLE *47, 48*
HERAKLIT 10, 40, 158
HERAKLIT VON EPHESUS 12
Hermeneutik 91
HESSE 151
HIPPOKRATES 110, 191
HOBBES 10
HOCHLEITNER *117*
HOFSTADTER 25, 73, 75
HOLBACH 10
Holismus 33, 70, 166 / *27*
holistisch 41, 42, 50, 110, 149
holistisch-ganzheitlich *27*
HOLLAND 78
HOLLE *117*
holographisch 38
HOOPER 59, 61, 64f, 149
HOTTINGER 153, 188f, 196, 199
HSB 57, 92, 104f, 112ff, 155, 159f, 192f
   = Holistische Sensorische Balance 57, 89
   Bewußtseinsmodus der – 148
HSI 154
HSI-Theorie *100*
HUBER *147*
HUME 52
HUNT *116*
HUTCHINSON 51, 62, 94, 157
HUXLEY 11
hyperaktiv 166f
Hyperaktivität 152, 165ff / *31*

Hypersensitivität *40*
Hylemorphismus 11

I

Ich 16
Ich-Kompetenz *128*
Idealismus 20
Identitätstheorie 11, 12, 30
Impulse
   propriozeptive *67*
inhibiert *58, 74*
Inhibition 25, 143, 160, 167, 188 / *15, 57, 74, 79*
Integration
   Sensorische 25f, 55, 91 / *34ff, 39, 50, 66, 81, 135*
Integrationsprozesse
   sensorische *39*
Integrationsstörungen
   sensorische 192
Integrationstherapie
   Sensorische 28
Interaktionismus 12
Intereo(re)zeptoren *66*
IRMISCHER *120*
Iteration 161f
IVERSEN *12*

J

JAMES 58
JEAN 76, 79
JESUS 69
JUNG 57
JUNGMANN *112*
JUNKER-LEFEVRE *141*

K

KAGAN *41*
KANT 13, 19f, 58f, 91, 126 / *103*

Kausalität 20ff, 58f
Kausalitätsprinzip 19
KEPHART 36, 37
KEPLER 65
KESPER 153, 188f, 196f, 199
KEYSERLING 90
Kinästhesie 66
Kinästhetik *66, 91*
   propriozeptive 26
kinästhetische Wahrnehmung 188
Kind
   autistisches *67, 98*
Kinder
   autistische 73
   hyperaktive 167
   schwerkraftverunsicherte 146 / *60*
KIPHARD 6, 147 / *118ff*
KLINNERT 95
KÖHLER 16
Körperschema *72, 106f, 121, 123, 126, 130*
Konstruktivismus 48, 68, 105, 148, 161 / *24, 142, 145*
Konstruktivismus-Theorien 112
Konstruktivisten 49, 76
Konzentration 104, 147
KOPERNIKUS 65
Korpuskeltheorie 14
Kosmos 21, 65f, 70, 142, 156, 198
KÜKELHAUS 120, 124, 127f, 141f, 191
KUHN 65 / *144*
Kybernetik 148, 162, 193 / *142*
kybernetisch 21
kybernetisch-holistisch 91
kybernetisch-holistisch-systemisch 92

L

LA METTRIE, DE 10, 12
LAOTSE 191
Lateralisation *59, 126*
Lateralität 37

LAVOISIER 71
Legasthenie 87
Leib/Seele-Problematik 70
LEIBNIZ 10, 12
LEWIN 63
LICHTENBERG 123
Liebe 6
LIPPERT *107*
LOCKE 16, 51f, 55, 75, 79
LODES 142
Lokalisation *27, 130*
Lokalisationismus 28
LORENZ 11f, 15f, 18f
LOVE 78
LUHMANN 165
LUKREZ 11
LURIA 60 / *29, 106*
LUXEMBURG 41

M

MACH 10, 15
MAISEL *107*
MALEBRANCHE 12
MARIE 56 / *27*
MASLOW *148*
MASON 94
Materialismus 10, 12, 20, 30
Materie 10f, 156
MATTNER *148*
MATURANA 48f, 88f, 105, 142f, 145f, 165 / *142f, 148*
Menschenbild 9, 25, 92, 101
MIETZEL 96
MILLER *118*
MILZ *38*
MÖBIUS 10, 18, 49
MOLESCHOTT 10
Monismus 12, 70
MONTAGU 117
MONTESSORI 104f
Motodiagnostik *119*

Motoskopie *119*
MÜLLER 15
Muskeltonus *122, 126, 130*
MUSSEN *41*

N

Negentropie 156f
Neglect 113
NEIDHÖFER 106
Nervensystem *8*
NEUHÄUSER *109*
Neutraler Monismus 12
NEWTON 19, 34f, 71, 106f / *148*
NIETZSCHE 11
Nystagmus *57ff, 98*
Nystagmusdauer *58*

O

Objektivität 37
Occasionismus 12
ONDARZA-LANDWEHR *111*
Ontogenese 15
Ordnung 142, 198
OSERETZKY-Skalen *118*

P

Paradigma 65
Paradigma-Wechsel 65, 105 / *144*
Parallelismus 12
PARMENIDES 40
PAWLOW 53ff
PEAT 27, 163, 165ff
PENFIELD 11
Perzeption 11, 36, 51, 110, 113, 140, 147, 154 / *74, 89, 141, 143*
Perzeptionen 52
Phänomenologie 91
Phylogenese 15

phylogenetisch 20
PIAGET 16, 26, 102 / *43, 53, 136*
PICABIA 6
PICASSO 113f
PLANCK 15, 31, 40, 222 / *139*
PLATON 6, 11, 84
PLOTIN 11
POINCARÉ 167
POPPER 11, 16, 145
Praxie *106*
PRECHTL 148
PRESCOTT 94, 150
PRIBRAM 38f, 56, 58, 63, 106, 108
PRIGOGINE 71, 105, 108, 142, 155ff, 166 / *142*
Proprio(re)zeptoren 66
Propriozeption 66
PSCHYREMBEL *47*
Psyche 41, 111
Psycho-Neuro-Immun-System 70

Q

Quantenphysik 54
Quantentheorie 54, 79

R

Raum 13f, 34, 52, 58f, 61, 144 / *67, 88*
Raum-Empfinden *101*
Raum-Zeit 14, 23, 139, 144, 146 / *100, 102*
Raum-Zeit-Kontinuum 21
Räumen 14
Realismus 67, 88
  naiver 79, 84
Realität 13, 49f, 64, 66, 76, 87f, 144
Realitäten 24
Reiz-Reaktions-Marionetten 28
Reiz-Reaktions-Schemata 29
Reize
  taktil-kinästhetisch-vestibuläre *113*
Reduktionismus 167

Relativitätstheorie   140
REMSCHMIDT   *42, 43, 106*
RENSCH   12
RESTAK   56
Riechen   *33*
RIEDL   11f
RIEHL   11
RIEMANN   13
RIMBAUD   60
RITTER   106f
ROBINSON   59
RUCKER   48, 91, 93
Rückkopplung   109, 143, 159f, 165, 167
Rückkopplungsmechanismen   159
Rückkopplungsmechanismus   *85*
Rückkopplungsschleife   161
Rückkopplungsschleifen   49, 143
   kybernetische   57
RUSSELL   10, 12, 14
RYLE   11

S

SABETTI   37ff
SACKS   56, 60f
SAINT EXUPÉRY   119 / *141*
SARFATTI   37, 76
SCHAEFGEN   *32, 51*
SCHANDRY   152
SCHELLING   10
SCHIEPEK   48f, 142, 155, 165f
Schmecken   *33*
SCHMIDT   *29*
SCHÖNBERGER   198
SCHOPENHAUER   10, 30 / *139*
SCHRAML   94
SCHRÖDINGER   106 / *142*
Schwerkraftverunsicherung   *60*
Seele   36
SEGAL   48f, 143, 145, 147
SEILER   *36, 112*

Selbst-Bewußtsein   39
Selbstorganisation   109, 155, 164f
   dissipative   157
selbstorganisierend   110, 160
Selbstregulation   108, 112, 143, 159f
Selbstregulationsfähigkeit   143, 155
selbstregulierend   148
Selbstregulierungsmechanismus   102, 192
Selbstregulierungsproblematik   104
Sensorische Integration   25f, 55, 91 / *34ff, 39, 50,*
   66, 81, 135
Sensorischen-Integrations-Theorie   25
SHAKESPEARE   113
SHELDRAKE   70 / *142, 148*
SI   55, 57, 92, 103, 107, 112, 114,
   159, 160ff, 186, 193, 198
SI-Theorie   56
SI-Therapie   29
SILESIUS   *148*
Sinn   6, 42, 56f, 68, 84, 89ff, 102, 112, 114,
   141, 148f, 154, 169, 192, 194, 198 / *144, 146f*
   chaotischer   198
   – der Sinne   56, 192ff / *146*
Sinne   111f, 115 / *144, 146f*
   olfaktorische   *33*
Sinnesorgane   16f
sinn-erfüllt   *141*
sinn-haft   92
Sinn-haftigkeit   89
Sinn-lichkeit   90
sinn-voll   91
Sinne   67, 84, 89ff, 141, 147
Sinneseindrücke   157
Sinnes-Wahrnehmung   58, 147
SKINNER   11, 102
Solipsismus   16
SPECK   6, 88ff
SPERRY   66 / *146*
SPINOZA   10
Spiritualismus   10, 12, 30
Stammeln   *83*

STANCIU 51, 62 / *144*
STANDOP *84f*
STENT 61
STERN 96
Stereotypien 167
STEVENS 162
Stimulation
  propriozeptive *68*
STÖRING 50
Störungen
  typische 188
STRAUS 58, 73f, 80, 83, 87
Struktur
  dissipative 152, 156, 158
Strukturen
  dissipative 156ff, 162
Synästhesie 60
Synästheten 60
Syndrom
  hyperkinetisches 165
Synergie 92
Syntropie 157
System
  auditives *51*
  propriozeptiv-kinästhetisches *85*
  propriozeptives *66, 67, 97*
  selbst-regulierendes 112
  taktiles 26 / *37, 72*
  vestibuläres *49*
  visuelles *33*
Systeme 48
Systemtheorie *24*
  kybernetische *24*

T

taktil-kinästhetisch 29
taktil-kinästhetischer Bereich 188
TALBOT 77, 91 / *148*
TAO TE KING 191
Taoismus 70

Teilnehmer 76
TERESI 59, 61, 64f, 149
TEWES *113*
Theorie 9
THIRY D'HOLBACH 12
THOM *46f*
TOBEN 24, 163
TOMATIS 123f, 144 / *85f, 89ff*
transzendental 13

U

Ungeschicklichkeit *40*
URSA DIALER 139
UZGIRIS *116*

V

VARELA 48, 88f, 105, 146, 165 / *142f, 148*
VAUGHAN 193
Verifikation 16
Verzweigung
  = Bifurkation 167
VESTER 154, 159
vestibulär 25f, 29
Vestibulärsystem *91*
VIVEKANADA 64
VOGT 10
VOJTA 102
VOLLMER 11, 22, 30, 42 / *137ff*

W

Wahrnehmung 17f, 23, 26, 33f, 36, 47, 50, 52f, 55, 61f, 74, 80, 82, 88, 147 / *35, 130, 141*
  auditive *101, 124*
  kinästhetische 188
  räumliche *104*
  taktile *69*
  visuelle *93, 125, 127*

Wahrnehmungen   11, 26, 63
Wahrnehmungsgestörte   57
Wahrnehmungsprozesse   11, 37
Wahrnehmungsstörungen   49, 88
WALTER   63
WATSON   11
WATTS   19
WATZLAWICK   52, 73, 105, 145, 147, 166 / *141ff,* *148*
WEISS   199
WEIZSÄCKER, VON   20, 69, 92
WERNICKE   *27*
WERTHEIMER   16
WHEELER   48, 76
WHITE   *79*
WHITEHEAD   10
WIENER   108
WIGNER   76
WILBER   *148*
WILLKE   165
Wirklichkeit   34, 84

WIRTH   *82*
WITTE   *59f*

Y

Yin-Yang   20, 70

Z

Zeit   14, 34, 52, 58f, 61, 143f
Zeit-Empfindung   52, 144
Zeit-Geist   91
Zentren
    fazilierende   *85*
Zerstreuung   156
Zerteilung   156
ZIMMER   *52*
ZINKE-WOLTER   141
ZUKAV   38, 75, 139, 144f
ZULLIGER   112, 160, 167

„Eine neue wissenschaftliche Wahrheit pflegt sich nicht in der Weise durchzusetzen, daß ihre Gegner überzeugt werden und sich als belehrt erklären, sondern vielmehr dadurch, daß die Gegner allmählich aussterben."

Max Planck

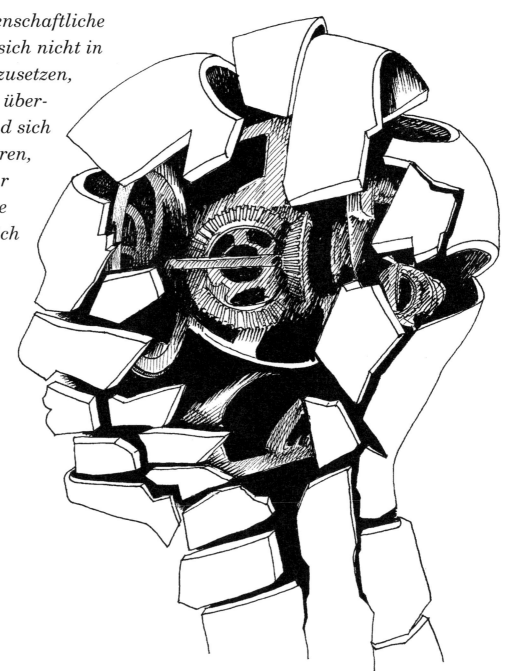

Raum für Notizen:

Raum für Notizen:

Raum für Notizen:

Raum für Notizen:

Oskar Lockowandt (Hrsg.)
Frostig Integrative Therapie
In dieser Buch-Reihe werden erstmals die Grundlagen des Frostig-Konzepts auf breiter Basis, anhand historischer Original-Dokumente des Frostig-Archivs dargestellt.

Band 1: Lesen und Lesestörung
„Frostig und Ayres nehmen beide den Begriff 'Integration' zur Bezeichnung ihrer Lehre in Anspruch. Beide Autorinnen verstehen unter Integration eine Form der geordneten Verbindung zum Zwecke eines störungsfreien Ablaufs. Für Ayres ist die SI der omnipotente Erklärungsmechanismus für alles seelische Funktionieren und ebenso für alle Fehlformen. Hinzu kommt, daß dieser Mechanismus stets in großer Nähe zu physiologischen, speziell hirnphysiologischen Aktivitäten gefaßt wird. – Für Frostig hingegen ist die sensumotorische Integration nur eine Teilaufgabe menschlichen Daseins. Sie hat nur einen relativen Stellenwert in einer komplexeren Sicht vom Menschen. Während Ayres sehr stark den Anpassungscharakter, ja bisweilen sogar nur den Überlebenscharakter menschlichen Seins betont, liegt für Frostig das Schwergewicht auf der Person als ganzer mit einer einzigartigen Ausstattung an Möglichkeiten und Kräften innerhalb eines je besonderen sozialen Kontextes und stets konfrontiert mit der Sinnfrage ihrer Existenz. Während Ayres in einer stark reduzierenden Weise die Anpassung betont, weswegen dann eben auch viele Seiten der menschlichen Existenz gar nicht mehr in den Blick kommen können wie zum Beispiel die Konflikträchtigkeit der Existenz, steht für Frostig im Zentrum ihres Interesses das 'Glücken' eines menschlichen Lebens oder des menschlichen Lebens schlechthin, womit wesentlich mehr gemeint ist als nur eine gelungene Umweltanpassung. Ayres' Vorstellungen sind sinnes-, bewegungs- und auf weite Strecken übrigens nur tierpsychologisch begründet, Frostigs Erklärungs- und Denkansatz ist im eigentlichen Sinne psychologisch und pädagogisch." *Oskar Lockowandt*
1994, 232 Seiten, Format 16x23 cm, br, ISBN 3-86145-061-5
Bestell-Nr. 8009   DM 44,00

Band 2: Theorie und Praxis
Nov. 1994, ca. 230 Seiten, Format 16x23cm, br,
ISBN 3-86145-074-7, Bestell-Nr. 8011
Subskriptionspreis bis 31.12.94: DM 38,00, danach DM 44,00

Gela Brüggebors
Einführung in die Holistische Sensorische Integration (HSI)
Teil 1: Sensorische Integration (SI) und holistische Evaluation
„Das Buch eignet sich einerseits für den therapeutischen Gebrauch, aber auch, um Eltern und Bezugspersonen die Schwierigkeiten und Zusammenhänge zu erklären. Andererseits gibt es viele Anstöße, sich in andere, weiterführende Theorien zu vertiefen." *Ergotherapie (CH)*
1992, 156 Seiten, Format 16x23cm, br
ISBN 3-86145-023-2   Bestell-Nr. 8104, DM 42,00

Teil 1 + 2 zusammen: ISBN 3-86145-057-7,
Bestell-Nr. 8110, DM 76,00

Johannes Gruntz-Stoll
Probleme mit Problemen
Ein Lei(d)tfaden zur Theorie und Praxis des Problemlösens
Was haben zwischenmenschliche Probleme mit Denksportaufgaben oder Konflikte zwischen SchülerInnen und LehrerInnen mit Kriminalfällen gemeinsam? Sie sind allesamt für Beteiligte und Außenstehende mehr oder weniger reiz- und spannungsvoll; und Lösungsbemühungen schlagen oft ganz einfach darum fehl, weil Detektive beiderlei Geschlechts, PädagogInnen und TüftlerInnen, Frauen und Männer sich meist so sehr und verbiestert um eine Lösung bemühen, daß sie darüber das Problem übersehen und übergehen oder unterschlagen und unterdrücken und unversehens zum Ausgangs- ein Lösungsproblem erhalten. Solch unerwartete Verdoppelung der Schwierigkeiten fördert weder die Lust an ihrer Bewältigung noch am Umgang mit Problemen, obwohl Probleme in der Tat viel Spannung und Reiz in den Alltag bringen und Anstöße für seine Veränderung enthalten. Das Bewußtmachen von Hindernissen und das Berücksichtigen von Hilfen beim Problemlösen steht darum auch im Zeichen des Spaßes an Entwicklungen, die ohne Konflikte und Probleme nicht denkbar sind.
1994, 100 Seiten, viele Abb. und Karikaturen, Format DIN A 5, br
ISBN 3-86145-063-1   Bestell-Nr. 8367, DM 29,80

Jay S. Efran / Michael D. Lukens / Robert J. Lukens
Sprache, Struktur und Wandel
Bedeutungsrahmen der Psychotherapie oder „Wie wirkt Psychotherapie?" (systemische studien Band 7)
1992, 292 Seiten, Format DIN A 5, br
ISBN 3-8080-0256-5   Bestell-Nr. 4307, DM 39,80

borgmann publishing

Hohe Straße 39 • D-44139 Dortmund
☎ 12 80 08 • FAX (02 31) 12 56 40

Ihre Praxis ist unser Programm!

Dietrich Eggert
unter Mitarbeit von Birgit Lütje-Klose u.a.
Theorie und Praxis der psychomotorischen Förderung
Textband und Arbeitsbuch
Der „Rote Faden" für die Psychomotorik!
1994, 404 Seiten, Format 21x28cm (156 S. Theorieband, br / 248 S. Arbeitsbuch, Ringbindung), ISBN 3-86145-030-5
Bestell-Nr. 8526, DM 68,00

Wolfgang Beudels, Rudolf Lensing-Conrady, Hans Jürgen Beins
... das ist für mich ein Kinderspiel
Handbuch zur psychomotorischen Praxis
August 1994, 324 Seiten, ca. 220 Fotos
Format 16x23 cm, br, ISBN 3-86145-026-7
Bestell-Nr. 8523, DM 44,00

Dietrich Eggert
zusammen mit Thomas Peter
DIAS – Diagnostisches Inventar auditiver Alltagshandlungen
1992, 140 Seiten, mit Bildkopiervorlagen im Anhang, Format DIN A 5, Ringbindung, 1 Toncassette, Spieldauer 30 Min., Buch und Cassette im Schuber, ISBN 3-86145-029-1
Bestell-Nr. 8525, DM 49,80

Barbara Cárdenas
Diagnostik mit Pfiffigunde
Ein kindgemäßes Verfahren zur Beobachtung von Wahrnehmung und Motorik (5-8 Jahre)
2, verb. Aufl. 1993, 200 Seiten, mit Kopiervorlagen, Format 16x23cm, br, ISBN 3-86145-060-7
Bestell-Nr. 8529, DM 39,80

Horst Manfred Otte
Ohnmächtige Eltern
Was Eltern verzweifelt macht und Kinder verunsichert
Ein Elternführerschein
1994, XII/172 Seiten, Format DIN A 5, br
ISBN 3-86145-058-5
Bestell-Nr. 8366, DM 29,80

Waltraut und Winfried Doering (Hrsg.)
Sensorische Integration
Anwendungsbereiche und Vergleich mit anderen Fördermethoden / Konzepten
2., verb. Aufl. 1993, 244 Seiten, Format 16x23cm, br, ISBN 3-86145-043-7
Bestell-Nr. 8103, DM 38,00

Dietrich Eggert
unter Mitarbeit von Günter Ratschinski
DMB – Diagnostisches Inventar motorischer Basiskompetenzen
bei lern- und entwicklungsauffälligen Kindern im Grundschulalter
1993, 268 Seiten, 16x23cm, Ringbindung
ISBN 3-86145-028-3
Bestell-Nr. 8524, DM 58,00

Michael Heuermann
Geträumte Tänze – Getanzte Träume
Entspannung, Phantasiereisen, Bewegung und Tanz
1994, 144 Seiten, sw/Fotos, Format 16x23cm, br,
ISBN 3-86145-051-8
Bestell-Nr. 8530, DM 38,00

Dazu erhältlich:
Protokollblätter, 8 Seiten, DIN A4, geh, 10er-Satz,
Bestell-Nr. 8527, DM 12,80
Übungsblätter, 28 Blatt, DIN A4, Block,
Bestell-Nr. 8528, DM 6,80

Bestellung und kostenloses Verlagsprogramm:

borgmann publishing

Hohe Straße 39 • D-44139 Dortmund • ☎ 12 80 08 • FAX (02 31) 12 56 40